'기회의 땅' 베트남에서 창업하라!

'기회의 땅' 베트남에서 창업하라!

초판 1쇄 발행일   2018년 7월 27일
초판 2쇄 발행일   2018년 8월 30일

지은이   차길제
펴낸이   최길주

펴낸곳   도서출판 BG북갤러리
등록일자   2003년 11월 5일(제318-2003-000130호)
주소   서울시 영등포구 국회대로72길 6, 405호(여의도동, 아크로폴리스)
전화   02)761-7005(代)
팩스   02)761-7995
홈페이지   http://www.bookgallery.co.kr
E-mail   cgjpower@hanmail.net

ISBN 978-89-6495-117-0 03320

이 도서의 국립중앙도서관 출판시도서목록(CIP)은 e-CIP홈페이지(http://www.nl.go.kr/ecip)
와 국가자료공동목록시스템(http://www.nl.go.kr/kolisnet)에서 이용하실 수 있습니다.
(CIP제어번호 : CIP2018021733)

간절히 부자가 되고 싶은가?

'기회의 땅' 베트남에서 창업하라!

차길제 지음

Vietnam

Bi**G** 북갤러리

지금 내수 불바다인
'기회의 땅' 베트남 자영업 기상도

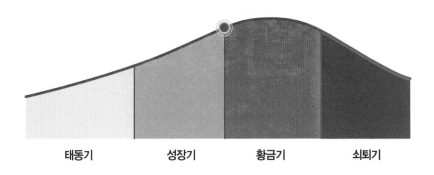

| 태동기 | 성장기 | 황금기 | 쇠퇴기 |

올해 폐업자 100만 명, 자영업의 눈물!

"빚내서 살아가는 자영업자들, 눈앞의 생존을 위해 대출받는다."

많은 경제 전문가들은 한국을 이렇게 본다.

"반(反) 대기업 정책으로 인해 산업현장 붕괴, 이대로 가면 수년 내 한국 제조업은 망한다."

우리나라는 그간(결국, 제조업이 희망인데) 기업에서 일자리가 나오고 잘 사는 나라가 되었다. 그런데 지금은 아니다. 곳곳에서 이 좋은 나라를 희망 없는 나라로 만들고 있다. 문제는 사람인데, 이 나라의 리더격인 정치권은 철저히 국민의 정신을 속이며 불안정한 나라로 만들고 있다. 게다가 나라의 기둥인 젊은 층은 책임을 지지 않는 쉬운 양지만 찾고 있으며, 독불장군식에, 도전정신은 찾아볼 수도 없다. 이게 바로 총체적 난국인 지금 한국의 현주소다.

현재 베트남은 경제 발전 초기 단계에서 나타나는 대규모 인프라수요 증가와 함께 젊은 중산층이 빠르게 확대되고, 두터운 고소득층 양산과 가계소득 증가일로에 있다. 오는 2020년 호찌민과 하노이 전철 1호선 개통을 앞두고 소비산업이 폭발적으로 늘고 있는 베트남은 성장 잠재력 또한 대단하여 이제 경제 대국으로 가는 첫걸음을 뗀 나라다.

눈치 빠른 기업들은 성장기 초입 때(싼 인건비와 세금혜택 등) 진입하여 황금기 때 왕창 뽑고, 쇠퇴기 중반에 다시 성장기 나라로 이동한다. 그리고 소규모 개인사업자는 긴 성장기를 지나 내수 불바다 초입단계인 자영업 황금기에 막 들어설 무렵에 뛰어들어야 무슨 장사를 해도 성공할 수 있다.

개인사업 황금기는 한국의 지나간 역사를 살펴보면 알 수 있다. 외국인들이 우리나라의 황금기 때인 1980년대 중반부터 2000년대 초반까지 엄청난 수익을 내고 빠진 걸 볼 때 한국은 약 20년 이상이었다. 그리고 베트남은 개인사업 황금기가 약 15년 정도로 점점 빨라지고 짧아지는 추세다.

그렇다면 왜 지금 베트남인가? 필자가 이를 강조하는 이유는 자영업 황금기에 막 진입하는 한국과 베트남의 빨간 이 지점을 비교해 보면 한국은 1987년 무렵이었고, 베트남은 2015년을 기점으로 자영업 황금기에 막 들어선 상태이다. 앞으로 15년, 기하급수적으로 폭풍 성장하는 베트남 시장에서 남과 다른 전략으로 자신이 잘 할 수 있고, 좋아하는 일을 한다면 축복일 것이다.

지나온 이 기간에 우리나라에서 자영업과 재테크를 제대로 한 사람들은 현재 모두 다 부자로 살고 있는 걸 볼 수 있다.

30년 전 우리나라의 초대박 기회를 모르고 지나쳤거나 15년 전 엄청난 '기회의 땅'이었던 국민소득 2,000달러대(현재 8,000달러대)의 중국에서 또 한 번의 기회를 놓쳤다면, 앞이 안 보이는 국내 자영업 시장에 30년 전 과거가 다시 돌아왔다고 상상해 보면 심장이 뛴다.

이제 우리들 앞에 새로운 문이 열리고, 큰 밥상이 차려졌다. 이 황금 기회를 도전정신이 조금이라도 살아있다면 앞뒤 보지 말고 그 세상 속으로 뛰어들어 운명을 걸어야 하지 않을까?

희망이 보이지 않는 직장생활로 평생 남의 일만 하다 끝낼 것인가(살면서 하고 싶은 일에 도전 한 번 없다면 삶이 무슨 재미인가?). 나를 위한 내 일을 하라! 세계의 돈이 날아다니는 축제의 장이 벌어진 베트남에 후회 없는 진짜 도전을 해야 노후가 풍요롭다.

현재 대한민국의 자영업 비율은 35~39%인데 국민 10명 중 4명이 장사하며 먹고 살다보니 경쟁은 치열할 수밖에 없다. 그리고 저성장과 고령화, 세금과 인건비, 임대료 폭등 등으로 창업 성공률은 10% 안팎이다. 자칫 잘못되면 그야말로 쪽박이요, 가정 해체까지 벌어질 수 있다.

여기에 비해 현재 베트남 창업시장은 우리와 정반대로 자영업 무한 잠재력의 황금시장이다. 우선 이 나라의 성장속도가 엄청나고, 국가

정책 또한 우리의 70~80년대처럼 제조업 왕국을 꿈꾼다. 사회주의 국가 특성상 베트남은 일처리가 쉽고, 확실하게 세계 투자의 열풍을 만들고 있다. 현재 베트남 도심 전역이 공사판이다시피 하여 하룻밤 사이 일자리가 몇 개씩 생긴다고들 한다. 시골 청년들이 도시로 쏟아져 들어오기 때문에 부동산 가격은 천청부지로 뛰었고, 주식 또한 외국 투자금이 몰리다보니 수직으로 상승했다.

베트남은 내수가 완전 '우후죽순'이다. 그리고 임금이 싸다. 중국의 3분의 1, 한국의 8분의 1 수준이라 편안하게 걱정 안 하고 세금혜택까지 받을 수 있다. 우리나라처럼 높은 창업투자금(점포세 + 월세 + 권리금 + 인테리어 시설비 등)을 무시하고 단 2~4개월세 선납만으로도 창업할 수 있는 상황이다. 이에 비해 음식값은 한국과 별반 차이가 없이 비슷하다. 물론 현지인 식대도 다양하지만 말이다. 그래서 장사를 좀 아는 사람들은 1년에도 1~2개씩 점포를 늘려나간다. 국민소득 2,500달러, 자영업 환경을 볼 때 이제 막 눈을 뜬 시점이라 무슨 장사를 하든지 성공 가능성이 매우 높다.

남의 나라라고 겁먹지 말라. 이제 베트남은 우리들의 앞마당이나 다름없다. 때는 왔는데 이 좋은 기회를 생각 없이 흘려버리고 놓친다면 그 어디에서도 한동안 희망은 찾기 어려울 것이다.

꿈꾸는 사람은 운명도 넘어설 수 있다. 과감한 역발상이 필요할 때다. 중요한 것은 우물쭈물하지 않고, 바로 실행하는 것이다.

2018년 5월
차길제

차례

제1장 현재 한국과 베트남의 창업 환경 비교

제4장 장사프로가 되는 실전 외식 창업 : 기술편

제5장 장사프로가 되는 실전 외식 창업 : 투자편

Vietnam

현재 한국과 베트남의 창업 환경 비교

1

왜 지금은 한국이 아니고
베트남에서 창업해야 하는지
비교를 통해 본 그 이유 22가지!

당신이 정말 좋아하는 일과 하고 싶은 일은 무엇인가?
그리고 현재 그 일과 직업에 고민하고 있는가?
이제 국내에서 그 답을 찾으려하지 마라.
단언컨대 국내에서 당신이 찾고 있는 그 일의 80%는 아마
정답이 아닌 잠시 속임수 오답으로 또 다른 고민 속으로 빠질
수 있다.
가슴 뛰는 희망이 열리는 이곳에 눈과 귀를 열어보자!

01

자영업(개인사업자) 비교

솔직히 국내 자영업의 속살을 들여다보면 한마디로 폭탄 돌리기 판이다. 장사란 제도가 까다로워지면 먹을 게 없다.

현재 자영업(개인사업자)은 최악이다. 세금 폭탄과 자영업의 몰락, 짧은 근무시간, 높은 임금 등 경기가 안 좋으니까 경쟁만 치열하다. 게다가 까다로워진 손님과 벅찬 직원 관리. 이 말이 과장인지는 막상 장사를 해보면 바로 알게 된다. 아무리 장사꾼이라 할지라도 지금 창업하여 성공할 자신 있는 사람이 있으면 나와 보라고 하고 싶은 심정이다.

요즘은 아무리 신선한 아이템도 금방 시들해지고, 경쟁자는 빠른 속도로 생겨난다. 우선 일 할 사람이 없기도 하고, 막상 구했다 할지라도 인건비를 감당하기 어렵다. 상권이 좋다는 역세권과 강남 또는 시내 어느 곳을 다녀봐도 겉보기는 그럴싸하게 장사가 되는 듯하지만 실상 내용은 헛고생만 하고 있다고 보면 된다. 이제 한국은 자영업을 하여 부자가 되는 시대는 이미 지난 듯하다. 일본식으로 가족끼리 소규모 장사로 가는 추세다.

한국의 자영업 비율은 아주 높다. 저성장과 고령화, 까다로운 손님 등 아무리 노력해도 지출만 많아지고 남는 게 없는 악순환 구조다. 구조적으로 성공하기 어렵기 때문이다.

필자가 관련 도서를 쓰면서 자영업을 하는 현장의 소리를 들어봤는데 다양한 분야의 자영업자들이 한결같이 어렵다는 말뿐이다.

카페나 빵집은 "포화상태라 죽을 지경이다", 카센터는 "차가 고장이 없어 수리할 차가 없다", 편의점은 "인건비도 안 나온다", 건축 관련 사업자는 "이제 못해먹겠다", 학원·독서실 등의 교육사업 분야에서는 "완전 사양산업이다", 노래방과 스크린 골프장 등에서는 "날씨 좋아도 손님이 없는데 저녁에 술·담배 금지 등으로 밤늦게까지 근무하지만 미칠 지경이다", 음식장사는 "1년도 버티기 어렵다, 그만두려해도 인수할 사람이 없다"……

이게 우리나라 자영업의 현주소이다.

알다시피 지금 베트남은 아주 잘나간다. 하룻밤사이에 일자리가 몇 개씩 생긴다고 할 정도다. 호찌민 시내를 이틀만 돌아다녀보면 생각이 복잡해지고, 눈이 돌아간다. 사람과 오토바이 천국. 무한 도전은 언제 하는 것인지 눈치를 챈 분이라면 무릎을 칠 것이다. 완전 딴 세상이다.

베트남의 자영업 비율은 13%대(주택보급률 22%)에 불과하며, 9,500만 명의 베트남인 중 한국 사람을 좋아하는 젊은 소비층이 바글바글하다. 장사하기 딱 좋은 환경이 열렸다.

돌아보니 우리나라 1980년대 중반 경제가 그러했다. 그때 자영업을 제대로 했던 사람들은 매일매일 돈 세는 게 피곤하다며 콧노래를 불렀다. 지금의 베트남이 그렇다.

도시 전역이 어마 무시한 공사판일 정도로 폭풍 성장하는 베트남에 10년 후를 내다보고 지금 씨를 뿌리자는 것이다. 오늘의 과감한 결단이 운명을 바꾼다.

남들이 주저할 때 부자로 다른 세상을 한 번 살아보고 싶다면 자신을 던져라! 여기서는 선택과 집중이 답이다.

02

인구 비교

단순히 인구만 많다고 해서 장사에 좋다고 말할 수는 없다. 소비층이 누구냐와 지속적으로 그 숫자가 늘어나면서 산업이 폭발적으로 클 수 있느냐를 분석, 연구하는 게 우선이다. 그 이유는 언어가 통하지 않는 곳이지만, 그래도 한 번 뛰어들어 인생역전을 해보자는 뜻이다. 쉽게 말하면 제대로 장사할 만한 곳인지를 살펴보는 것이다.

한국의 인구는 5,300만 명, 평균 나이는 40대 중반, 출생자 감소로 늙어가는 나라다. 산업도 중국 거대 자본에 의해 쇠퇴기에 접어들고, 경제 인력이나 파이팅 넘치는 헝그리 정신도 잃은 지 오래다. 다만, 있다면 오로지 개인주의와 집단이기주의만 있을 뿐이다. 자녀에게 한참 돈이 들어가 힘들고, 불안한 직장생활로 힘들고, 긴 노후도 즐겁지 않고, 사회 전반을 보면 희망은 보이지 않고 한숨만 나오는 게 오늘의 한국이다.

베트남의 인구는 9,500만 명이다. 평균 나이 30세로 젊은 산업인력

들이 이제 돈 맛도 보고, 고기 맛도 안다. 매니큐어도 바르고 스마트폰도 가지고 있다. 오랫동안 못 살고 배고픔을 참아왔던 많은 가족들을 위해 그들은 봇물이 이제 터진 것이다.

보고만 있어도 그 사람들의 열정이 느껴진다. 밤낮을 가리지 않고, 주말도 없다. 그저 돈만 된다면, 베트남 젊은이들은 시키는 대로 일한다. 그게 현재 베트남 사람들이다. 이를 볼 때면 한편으로 그들이 무섭기도 하고, 부럽기도 하다.

사업을 하다보면 기교만 부리는 한국 직원은 솔직히 일을 시키기 버겁다. 현재 한국인 사업주들의 머릿속엔 그러한 생각들이 자리 잡고 있다. 반면, 베트남 직원을 쓴다면 우선 마음이 편하다. 일을 시키는 대로 하고 기본 급료에 보너스를 조금 더 얹어주면 너무 좋아하는 그들이 정말 부담 없다.

당신이라면 이러한 비교를 봤을 때 어디에서 창업을 하겠는가?

03

국민소득 비교

한국의 국민소득은 3만 달러. 베트남의 국민 소득은 2,500달러. 이 숫자만 보고 무슨 생각이 날까? 대부분 '베트남은 앞으로도 한참 올라갈 여력이 있구나.' 할 것이다.

우리나가 국민소득 3,000달러 시절부터 현재까지 부동산과 주식 그래프를 그려보면 몇 십 년 동안 엄청나게 올라간 걸 한눈에 알 수 있다.

결론은 베트남 또한 앞으로 몇 십 년 내에 그렇게 변화가 진행되리라 예상된다는 점이다. 중간 중간 작은 파도야 있겠지만 큰 그림은 올라갈 수밖에 없을 것이다. 그래서 이 책을 접하는 분들은 행운을 잡은 것이나 다름없다. 남보다 10년 먼저 기회를 포착하게 되었으니 그만큼 실행이 빠를수록 좋다. 따라서 원대한 목표도 세워야 한다. 10년 후 나의 미래 자산, 10년 내 100배의 재산 증식을 목표로 삼아라. 얼마나 가슴 설레는 기분 좋은 일인가.

앞에서도 언급했듯이 우리나라는 성장이 더 이상 진행되기 어려운 환경에 놓여있어 수출이 아니면 먹고 살기 힘든 상황이다. 그런 상황인데도 한국은 중국에 의해 빠르게 잠식 중이다. 2000년대까지는 그나마 희망으로 가득했던 대한민국이 이제 어느 한 곳에서도 특별한 돌파구가 보이지 않는다. 물론 아무리 어려운 시절에도 대박을 일궈내는 사람이 분명히 있지만 말이다.

베트남은 연 6.7%의 세계 최고의 성장률을 보이고 있고, 내수 인프라와 비즈니스 쪽을 보면 엄청난 호황이다. 하루가 다르게 세계의 공장으로 변신 중이고, 한국과 중국에서 빠져 나오는 대기 자금이 봇물을 이룬다(현재 국내 금융사마다 베트남 펀드에 돈이 많이 들어와 있지만 좋은 종목은 한도가 차서 더 이상 살 수가 없다).

호찌민과 하노이 등 대도시 근교에 기업도시가 있다. 노동력이 받쳐주기 때문이다. 따라서 노동자들의 임금이 빠르게 올라가다 보니 소비도 많이 한다. 이 나라 젊은이들은 과거 우리처럼 저축을 많이 하는 국민이 아니다. 먹고 마시는 걸 좋아하고, 고가품에 관심이 많다. 한마디로 즐기는 성향이 있다. 이 추세로 10년 후를 생각해 보면 베트남의 국민 소득은 얼마이며, 생활수준 또한 얼마나 올라갈까?

부자를 꿈꾼다면 두 말할 것도 없이 이런 곳에서 인생을 걸어라!

04

창업 성공률 비교

　현재 한국에서 무슨 장사를 하던 지금 창업하여 3년 이상 살아남을 확률이 과연 몇 %나 될까. 또한 살아남았다 할지라도 정말 실속 있게 돈을 벌고 있는 사람은 얼마나 될까. 아마 남들이 보지 못한 특별한 아이템과 전략으로 무장한 극소수만이 떼돈을 벌고 말 것이다.

　각종 매스컴을 보면 국내 창업 성공률은 10%대라 한다.

　새로 장사를 시작하는 대다수 사람들은 이런 마음가짐을 하면서 출발선에 선다.

　'그동안 철저히 준비를 했기 때문에 어느 정도 인건비 이상은 나오겠지. 다른 사람보다 내가 잘할 수 있어. 가맹 본부에서 뭔가 해줄 거야.'

　이렇게 생각하지만, 막상 장사를 시작해 보면 생각과는 달리 처음부터 여러 암초들이 생긴다. 일할 사람 구하기도 어렵지만 임금 또한 작은 매출로는 감당하기 벅차다. 더구나 주차문제, 또 월말만 되면 이런 저런 걱정이 시작된다. 아마 자영업을 하는 사람의 50%는 많은 리스크로 인해 우울한 고민 속에서 힘들게 버티고 있을 것이다. 약 30%는 손익분기점에 머물 정도의 수준으로 보면 될 듯하고, 아무리 장사가 어렵다고들 해도 그나마 10% 정도만 나름 호황을 누릴 것이다.

이렇듯 국내 창업이 갈수록 어려운 환경으로 간다면 그 대안으로 떠오른 것이 해외 창업 쪽이다. 그게 현명하다. 요즘 많은 기업들이 국내와 중국은 줄이고, 베트남에 집중한다는 뉴스가 많이 나온다.

그렇다면 베트남 창업환경은 어떨까? 하노이도 좋지만, 다낭에서의 장사는 낭만적이다.

단순 비교해 보면 우리 창업시장과는 정반대로 웬만하면 성공한다. 즉, 80%대 창업 성공률을 보이고 있다(우리의 88올림픽 전후처럼). 도시가 급팽창하면서 적당한 가게만 있다면 신바람 나는 장사를 할 수 있다. 우리의 서울과 경기도는 넓고 큰 도시인 반면, 호찌민시 인구는 현재 천만 명 이상으로 매년 폭발적으로 늘어나고 있다. 그런데 시내를 돌아보면 아주 작다는 것을 느끼게 된다. 단 몇 천원의 택시 요금으로도 웬만한 곳은 돌아볼 수 있는 거리다. 자세히 보면 도시가 초밀집되어 있어 바글바글하게 살고 있는 것을 볼 수 있다. 그래서 처음 비즈니스로 방문하게 되면 깜짝 놀랄 정도로 정신이 없다. 그렇기 때문에 현지인을 상대로 한 시내 1~2군데에서 어떤 업종이라도 장사가 잘 된다.

그런 반면, 한국인들이 몰려있는 약간 외곽(7군)지역에서 한국인을 상대로 하는 식당들은 벌써부터 경쟁이 치열하다. 이유는 간단하다. 첫째, 언어문제와 정신적인 의지 때문에 한인촌으로 창업을 선택하게 되고, 둘째, 특별히 준비가 된 게 아닌 먹고 살기 위한 창업이고, 셋째, 남의 나라 사람을 상대로 하는 창업이 겁이 나기 때문이다. 그래서 대부분 엄두를 내지 못한다. 또한 기타 여러 가지 이유로 비슷한 업종끼리 시기와 분쟁이 생긴다. 이는 비단 베트남에서만 일어나는 현상이 아니고 LA와 중국에서도 같다.

필자는 그렇게 보질 않는다. 가게와 업종을 자세히 들여다보면 서로 제살 깎아먹는 고만고만한 방식뿐이다. 뭔가 각자 뛰어난 전문성과 누구도 흉내 낼 수 없을 정도의 전략은 하나도 보이지 않는다. 서로 유사한 방식과 메뉴로 당장 눈앞의 이익만 좇는 아주 뒤떨어진 장사 방식으로 하다 보니 서로 어려울 수밖에 없다.

글로벌 시대에 불타는 큰 시장에 뛰어들었으면 다이내믹하게 몸을 던져야 한다.

05

창업 시 투자금 비교

국내는 어디에서 창업을 하던 그 비용이 만만치 않다. 아주 작은 소자본 창업이 좋긴 한데 너무 싼 가게는 입지가 좋지 않아서 장사가 안 된다.

얼마 전에 필자가 컨설팅을 해준 가게의 예를 들어본다.

열정 가득한 30대 후반의 젊은 친구인데 작은 돈으로 괜찮은 가게를 어렵게 찾은 게 골목 안 40평대 고깃집으로 총 창업비용 1억 2천만 원이 들었다. 필자의 눈엔 의욕만 있었지 구체적인 전략도, 본인만의 색깔도 없는 준비 안 된 창업으로 결론 내었다. 현재 적자를 많이 보다 보니 1년 만에 그만 두고 싶은 마음이지만 그렇게 할 시 투자금의 90%는 날아간다고 보면 된다. 처음 자기 사업 입문비에 대한 수업료 치고는 손해가 너무 크다.

또 평택의 한 가게를 상담했는데 사장은 좋은 기업을 다니고 부인이 프랜차이즈 가맹점을 내어 창업을 했다. 보증금 1억 원에 월 임대료 4백5십만 원이었다. 시설비와 가맹비를 포함하여 총 투자금 3억원. 그 가게가 잘 안 되어 1년 2개월 만에 문을 닫았는데 가게마저 빠지지 않아 1년째 방치해둔 상태다. 이 경우 얼마 못가 결국 투자금 전부가 사라진다고 보면 된다.

그리고 하나 더. 파주신도시 복합상가 1층 코너, 실평수 30평을 분양받은 김 모씨는 16억 원에 분양받아 지난해 5월 준공이 났지만 아직도 세가 빠지지 않아 공실로 남아있다. 은행 융자금 8억 원. 이자로 월 350만 원과 기본관리비 100만 원, 각종 세금 등을 모두 계산하면 뇌졸중이 생길 정도다. 이렇듯 요즘 상가를 잘못 분양받으면 패가망신한다.

이게 국내 창업시장의 현주소다.

그래서 요즘 사업을 준비하던 사람들도 많이 망설이게 되고 신중해졌다. 막상 가게를 임대해 보면 보증금에 권리금, 시설비, 집기류, 기타 물품과 광고비까지 생각보다 많이 투자되고, 오픈 전 직원 모집에서부터 오픈 이후 이런저런 걱정으로 잠 못 들고, 살도 빠진다.

대형 가게를 하면 경쟁력이 있어 가능하지 않을까? 천만의 말씀, 기존의 잘 되는 가게를 확장 이전 하는 건 좋은 일이지만 처음부터 많은 돈을 투자한 대형 가게는 직원문제와 관리문제로 더 빨리 망가질 확률이 높다.

반면, 베트남 창업비용은 얼마면 좋을까?

베트남은 처음 창업비용이 얼마 안 든다. 통상적으로 보증금 2개월 치를 선납하면 끝난다. 월세는 싸지 않고 한국보다 높을 수도 있다. 상업지구 내 상가 임대료를 기준으로 보면 한국과 거의 비슷하다. 예전에는 권리금이라는 게 없었는데 한국 사람들끼리 거래하는 가게들이 늘면서 시설비조로 권리금이 붙어있다.

그래서 가능하면 현지인을 상대로 하는 장사를 하는 게 유망하고, 현지인 가게를 인수하는 것과 새 가게를 임대하는 게 현명하다.

베트남은 우리처럼 대단한 인테리어를 한 가게가 없다. 주차장도 그리 중요하지 않고, 중고 집기류에 에어컨만 제대로 설치하면 된다.

세금과 카드 부담이 없고, 직원 구하기와 매달 급료 걱정을 안 해도 된다.

여기까지 봤을 때 당신이라면 어디서 장사를 하겠는가?

06

직원 월급 비교
(자영업 사업주 입장에서)

한국에서 막상 장사를 해보면 사람 구하기도 어렵고, 월급도 비싸다는 걸 느끼고, 직원 상대하기가 쉽지 않다는 걸 바로 알게 된다. 또한 우리 가게에 딱 맞는 사람 구하기는 더욱 어렵다는 걸 피부로 느낀다. 설상 구했다 할지라도 사고 안 치고 오래 근무할지도 의문이다. 임금 또한 마음에 드는 사람은 더 많이 줘야 하고, 수시로 올려주고 챙겨줄 것도 한두 가지가 아니다.

2018년 현재 개인 영업장에서 일하는 직원들의 실질 급여는 처음 몇 개월은 220~250만 원 선이다. 기술이 있는 유경험자는 250~300만 원 이상이고, 4대 보험 가입은 물론 수당과 퇴직금, 생일, 해외여행까지 챙겨줘야 분위기가 좋다. 작은 가게로 직원 3명만 고용한다 하면 장사를 웬만큼 한다 해도 만만치 않다. 여기에 요즘 자영업은 세금도 많고, 영업이익이 20% 아래여서 실제로 남는 게 별로 없다.

그나마 하루 매출이 수백만 원 이상이면 남는 게 어느 정도 있지만

2백만 원 이하 내지 100만 원대 매출로는 사업주 인건비도 가져가지 못한다고 보면 된다. 아마 국내 자영업의 60%는 이 범주에 들지 않을까 예상해 본다.

매스컴을 보면 1인 창업자가 많이 늘고 있다는데 한편으론 이해가 간다. 혼자 또는 가족끼리 한다면 그래도 버틸 수가 있지만 직원을 쓰게 되면 경쟁력이 확 떨어져 조금만 매출이 줄게 되어도 어려움을 겪게 된다. 그만큼 인건비가 무섭다는 말이다.

베트남의 노동자들은 한국인 사업주를 아주 좋아한다. 왜냐하면 임금을 많이 주니까. 경영주 입장에선 국내에 비해 임금이 너무 싸게 느껴지니까 풍족하게 지급해도 기분이 좋다. 덤으로 한국의 선진 기술과 서비스 그리고 언어를 배우고 싶어 한다. 직원들끼리 서로 친구를 데리고 오기 때문에 사람 구하는 고민은 안 해도 된다.

급료는 한국인 사업장에서 일하는 젊은 사람이 보통 30~40만 원선이다. 현지인 가게들은 보통 25~30만 원이다. 그 이하도 많지만 베트남도 고급인력은 월 50~70만 원 이상도 많다. 우리처럼 4대 보험과 퇴직금, 해외여행 등을 모두 무시하고, 쉬는 날 또한 일주에 한 번 정도이다. 이것은 채용 때 상의하면 된다.

국내에서 장사할 때 직원 급료와 근무조건 문제로 어려움을 겪었던 분들이 생각해 볼 때 베트남은 매력 있는 시장임에 틀림없다.

07

직원 일하는 근무시간 비교

자영업을 실패 없이 잘하려면 언제, 어디서, 무슨 아이템을 하느냐가 중요하고, 사업주의 정신무장과 직원을 채용하고 어떻게 관리할 것인가가 또한 중요하다. 결국 시간 싸움에 성패가 달렸다고 보면 된다.

지금 한국 사람들, 과거처럼 일 많이 하나? 그렇지 않다. 일부 돈 잘 버는 대기업과 호황을 누리는 곳에서만 그나마 월급을 많이 주니까 하는 것이지, 지금의 기업 노동자나 자영업에 종사하는 사람들은 그렇게 악착같이 일하려고 하지 않는다. 이제 보편적으로 하루 8~10시간 근무에 주 2회 휴무, 여기에 연차다, 월차다, 대체휴무까지 한 달에 20일 일하고 10일 쉬는 게 보편화되어 간다.

15년 전까지만 해도 하루 12시간 일하고, 한 달에 2~4번 쉬면서도 억척같이 일했다. 자영업은 업종에 따라서 여름과 겨울, 비수기와 성수기가 뚜렷해서 매출 차이가 많이 나기 때문에 옛날에는 마음대로 줄이고 늘렸다. 하지만 요즘은 비수기라고 사람을 줄일 수도 없는 것이 현실이다. 한 번 나가면 사람 구하기가 힘들기 때문에 그렇게 할 수도 없다.

이제 자영업자 입장에서 보면 "못해먹겠다."고 할 것이다. 월급받는 사람도 사업주의 심정을 조금은 생각해봐야 한다.

현재 베트남은 우리나라 80~90년대처럼 대부분 직원들이 일을 더 하려고 애쓴다. 수당이나 보너스를 받고 사장의 신임도 받으니까 더 열심히 한다. 그러다보니 직원들의 경쟁심도 대단하다. 헝그리 정신에 하루 12시간 이상 근무도 다반사다. 그들은 월 2~4회 이상 쉬지 않는다. 그리고 성수기, 비수기가 따로 없다. 항상 따뜻하기 때문에 밤늦게까지 일할 수 있어 장사가 잘 되고 영업시간을 길게 할 수 있다. 더운 나라 사람들이 게으르고 일 안 한다는 말은 옛말이다. 이제 그들도 돈 맛, 고기 맛을 안다.

참고로 베트남 돈은 동이라 하는데 간단히 우리 돈으로 계산해보자. 100,000동이라면 끝자리 0을 하나 제거하고 남은 게 10,000이다. 여기서 절반만 생각하면 된다. 즉, 우리 돈 5,000원이다. 만약 택시요금이 65,000동이 나왔다면 끝자리 0을 떼면 6,500의 절반, 즉 우리 돈 3,250원이 택시 요금이다. 약간의 차이는 있지만 이정도만 알고 있어도 속지는 않는다.

08

상권 or 골목 상권 비교

좋은 상권은 본인이 만든 상권이 제일이다.

남이 만들어 놓은 상권은 비싸기도 하고, 자칫 잘못하면 많은 리스크를 동반한다. 아무도 관심 없는 한적한 곳에다 나만의 완벽한 상권을 만들었을 땐 부와 부러움을 한방에 갖게 된다.

이는 장사의 상권만 해당되는 게 아니다. 재테크의 모든 게 남이 잘 다듬어 놓은 것은 그만큼 대가를 치러야 한다. 좋은 상권은 높은 가격에 거래되기 때문에 가능한 한 상권 형성 초기 때 뛰어드는 게 답이다.

좋은 상권 내의 가게들은 보증금과 권리금, 월세가 너무 비싸다. 특히 권리금은 솔직히 인정도 못 받는 돈인데도 몫이 좋은 가게들은 부르는 게 값이다. 그렇다고 장사가 계속하여 잘된다는 보장도 없다. 왜냐하면 장사가 좀 잘되면 유사업종이 틈도 주지 않고 치고 들어오기 때문이다.

상권은 빠른 속도로 변해간다. 특히 골목 상권은 더욱 치열한데 비슷한 업종이 마구잡이로 생기다 보니 손님 유치에 더 많은 신경을 써야 하고, 가게 앞 주차문제 등으로 인해 이웃과 분쟁도 많이 생긴다.

실질적으로 골목에서 무슨 장사를 하든 직접해보면 돈 벌기 정말 어렵다. 지금 베트남 상권은 어느 도시라도 좋다. 자리 잡는 그곳이 본인의 최고 상권이 될 것이다. 그곳에다 창업을 결심한다면 여러 가지 복잡하게 생각하지 말고 딱 한 가지, 자기 자신이 잘 할 수 있는 분야 중 국내에서 최고 잘되는 가게를 롤 모델로 삼아 집중 연구, 개발하여 베트남으로 옮겨가면 된다. 그래서 현지인들이 혹하게끔 다시 현지화해 주면 끝나는 것이다.

필자가 본 베트남의 상권은 잘 갖추어진 상권이 아니고 오래전 자생적으로 생겨난 나름의 지역 특성에 따라 이뤄졌다. 한 예로 여행자 거리의 경우 외국인이 엄청 많이 왕래하는 곳인데도 한마디로 무질서 그 자체다. 업종도 뒤죽박죽, 상가 앞과 도로가 소음과 매연, 냄새 등 솔직히 제대로 된 가게를 찾아보기 힘들 정도이다.

그러나 이런 곳도 5년, 10년 후가 되면 확 달라져 있을 것이다. 이런 상권이 한국인들이 뛰어 들기 좋은 곳이다. 단, 다른 사람들보다 먼저 앞서서 변화를 준다면 분명 그 지역의 명물이 될 것이다.

현재 베트남은 어느 도시나 상가점포가 부족하다. 가게 유리문이 없는 곳이 더 많고, 주차장은 물론 실내 인테리어도 무시하고 가게 앞 보도까지 물건을 늘어놓아 난전처럼 내놓고 장사를 한다.

베트남에서는 처음부터 거창하고 비싼 가게만이 성공을 보장하지 않는다. 무엇보다도 철저하게 고민하여 현지인을 상대로 하는, 관심 끌만한 한국 아이템을 선별하여 가져가라는 말이다.

09

주차문제 비교

알다시피 한국에서 어떤 장사를 하던지 주차장 확보를 못하면 장사하기 어렵고, 경쟁력이 떨어져 구멍가게 수준으로 전락한다. 그만큼 주차장 확보가 절대적으로 중요하다. 특히 외식사업 분야는 더욱 주차장이 요구된다. 입지도 중요하지만 결과적으로 주차할 곳이 많이 있느냐, 없느냐가 매출과 직결된다.

손님들은 짧은 거리도 차량으로 이동한다. 그래서 요즘은 주차장이 여유가 있는 한적한 외곽에다 대형 가게를 마련하는 추세다. 물론 번잡한 시내권과 상권 밀집지대 또는 기업이 상주하는 대형 건물 주변은 개인적으로 주차 공간 확보가 어렵기 때문에 상권 입지만 보고 장사를 해도 큰 어려움이 없다. 하지만 신도시 같은 주거 밀집지역 등은 꼭 마음에 드는 점포가 있다면 차를 몇 대나 주차할 수 있는지를 함께 보고 결정하는 게 현명하다. 그리고 팁을 하나 더 드리자면 여성들이 쉽게 주차하고 나갈 수 있는 곳이 좋다. 좁고 어두운 지하 주차장은 피하는 것이 좋다. 또 하나, 본인이 임대하고자 하는 건물에는 주차 여유가 없지만 주변을 돌아보니 곳곳에 주차시킬 수 있는 여유 공간이 많다면, 그곳은 아주 좋은 가게 입지로 봐도 된다.

얼마 전 분당의 대형 갈비집도 장사가 엄청 잘되는 가게였는데 바로 옆에 건물이 들어오면서 주차 공간도 없어지고 골목 자체가 복잡해지니까 매출이 3분의 1로 토막나버렸다. 가게를 처분하려해도 되지 않았다. 이만큼 국내 장사는 주차장이 중요하다는 것을 보여주는 사례이다.

현재 베트남은 솔직히 주차장이 필요 없다. 오토바이 세울만한 곳만 있으면 된다. 우리나라의 80~90년대 수준이라 장사하는 데 주차 공간 확보는 그리 중요하지가 않다. 오히려 주차 공간이 있다면 외부 매장으로 활용하고, 작업장 등으로 이용하는 게 낫다.

베트남 현지에서는 우리나라의 이마트와 롯데마트가 큰 규모인데 그런 곳도 오토바이 주차장이 70~80%를 차지하고 있다. 베트남 젊은이들은 대부분 오토바이로 이동하고, 우리 교민과 비즈니스를 하는 분들은 택시로 이동한다. 자가용은 사고위험이 있기 때문이다. 택시는 숫자도 많고, 요금도 무척 싸다. 앞으로 세월이 더 지나면 주차 문제가 생기겠지만 현재로서는 베트남에서 창업할 시 주차라는 단어는 당분간 빼고 생각해도 좋다.

10

도시화 진행 속도 비교
(투자환경)

지금 우리는 폭발적으로 고성장하는 베트남 도심에 새로운 창업 도전을 노크 중이다.

왜, 기업들이 국내와 중국 투자 건을 뽑아서 베트남으로 가고, 국내 부자들도 베트남 부동산과 주식을 사는지 그리고 정말 개인도 장사를 할 만한 환경인지 살펴보고 비교분석을 통해 그 답을 찾아본다.

한마디로 우리나라는 도시나, 사람이나 성장의 한계에 도달하였고, 그 변곡점 선상에 놓였다고 본다. 도시엔 높은 아파트 숲으로 뒤덮여 있고, 도시 근교를 돌아보면 집들로 가득 찼고, 시골로 가보면 산과 밭에까지 전원주택 등이 들어서 어디 한곳 빈틈이 없다. 더 이상 성장하기엔 한계가 있고, 새로운 사람이 유입되지 않다 보니 곳곳에서 슬럼화만 진행되는 상황이다. 즉, 일본처럼 늙어가고 있는 셈이다. 이제 아무리 좋은 아이템일지라도 신바람 나는 희망이 보이질 않는다. 생각 없이 주변을 돌아보면 사람은 많아 보이는데 실속이 없다. 결국 한

정된 지역 사람만으로는 새로운 상권이 생겨도 그쪽으로만 몰려다니기 때문에 어느 날 보면 옛 상권이 되어 결국 죽어가고 만다.

베트남의 도시가속화는 대단하다. 솔직히 젊은이로 차고 넘친다. 시간을 가리지 않고 달리는 오토바이 행렬을 보노라면 심장이 뛴다. 수십 년 전 우리나라도 고도성장할 땐 저러했는데, 사방천지 공사판인데도 주택보급률 22%대, 얼마나 많은 사람이 도시로 몰려드는지 주식과 부동산이 매년 급등하고 있다. 이렇게 활력 넘치는 곳에서 장사를 해야 큰돈을 벌 수 있다.

베트남 시장이 매력적인 이유는 크게 두 가지를 꼽을 수 있다. 첫째, 저렴한 임금과 이를 바탕으로 한 대규모 인프라 투자다. 둘째, 아직 경제규모 대비 금융시장의 규모가 작아 한참 더 커질 가능성이 있다는 점이다.

베트남의 월 평균 임금은 중국의 3분의 1 수준이다. 노동연령 또한 한참 젊다는 게 투자 매력이다. 여기에다 경제 발전 초기단계에서 나타나는 인프라 수요 증가로 인해 교통과 운송, 전력 등 기간산업에 대한 대규모 투자가 진행 중이다. 이 시기에 개인 사업자도 뛰어들어야 먹을 게 많다.

베트남 경제력은 매년 빠르게 성장하는데, 창업시장은 아직 초기단계이다. 지금 베트남과 미얀마에 뛰어들지 못하면 10년 후 실행한 사람과 그렇게 안 한 사람과의 차이는 더욱 벌어질 것이다. 이제 개미처럼 열심히 일만 한다고 해서 부자가 되는 시대가 아니다.

고성장하는 글로벌 시장에 누구든 뛰어들 때는 이미 늦다. 즉, 화려한 도시화의 모습을 갖춘 후는 이미 늦다는 말이다. 국내의 분당, 일산 등의 사례를 보더라도 신도시 초기 때가 경쟁도 심하지 않고, 장사하기 편했다. 정작 도시가 제 모습을 갖춘 후엔 이미 늦다는 것이다.

비단 장사만 그런 게 아니다. 부동산과 주식도 마찬가지다. 남이 좋다 하면 이미 늦은 것이다. 결국 자기만의 파괴적인 혁신이 필요하다.

참고로 해외 창업 시 최대로 조심할 것은 현지 브로커들의 거짓 정보라는 점이다. 누구든 무조건 다 믿지 말고, 투자금은 아주 작은 소액으로 시작하여 몸으로 부딪혀 본 다음 차차 확장해 나가야 한다. 무엇보다도 교민과 현지인들이 무엇을 좋아하고 필요로 하는지를 알기까지는 어느 정도 공부를 해야 하고, 본인 또한 적응기간이 필요하다.

11

베트남 사람 성향 알아보기

알다시피 우리나라 사람들은 완전 개인주의에 참을성 없고, 빨리빨리만 강요하는 급한 성격이요, 코드가 맞지 않으면 배척하는 성향이다. 옛날에는 부족함이 많아도 서로 따뜻한 정이 많은 국민이었는데 말이다. 물론 이게 나쁜 것만은 아니다. 그런 독한 경쟁의식이 있었기 때문에 이만큼 잘 살게 되었다고 볼 수도 있다. 지기 싫어하는 성향에 개미처럼 열심히 일했고, 자식에게 온힘을 다하여 공부시킨 결과다. 선진국의 영향도 많이 받았다. 그러면서 우리는 80~90년대 고성장을 거치면서 현재의 부유한 나라가 되었다.

어느 날부터 남자는 별 볼일 없고 여자들의 세상이 되었다. 특히 나이 많은 남자는 수십 년간 고생을 했지만 누구에게도 대우를 못 받는 시대에 살고 있다. 비근한 예로 우리 국민들은 남녀노소 서로 편하게 길을 묻고 유쾌하게 대답해주는 그런 사람 보기 힘든 사회로 가고 있고, 자신에게 조금이라도 불이익이 생기면 공격적인 성향으로 바뀌어버린다. 게다가 지금은 세대갈등까지 일어나고 있다. 이 모든 상황들이 대한민국을 후퇴하게 하는 중병이다.

베트남 사람들을 만나본 많은 한국인들은 한결같이 상대하기가 편하고, 순박함과 친절하다는 말을 많이 한다. 필자 또한 그런 느낌 받았다. 아무리 바쁘게 지나가는 사람에게 무엇이든 물어봐도 절대로 인상 찌푸리지 않고 웃는다. 남녀 모두 똑같다. 베트남 택시기사는 대부분 젊은 기사들인데 하루 종일 타고 다녀도 모두 친절하다. 현지 식당에서도 두서없이 이것저것 물어보면 주저 없이 보여주며 알려준다.

그들은 오랜 사회주의체제에서 선진기술을 받아들일 수 없었고, 개방정책도 펴지 않았다. 도이머이(Doimoi)정책(새롭게 바꾼다) 이후 개혁 개방정책의 슬로건 아래 시장 경제 활성화로 억척스럽게 일

하고, 이제 돈 맛을 알게 되었다. 좋은 집과 좋은 차, 고급 음식까지…….

그들은 한국 사람들을 무척 좋아한다. 베트남은 음식문화나 정서가 우리와 비슷한 면이 많아 친근함을 느끼게 된다. 그들의 강한 자존심만 우리가 이해한다면 서로 잘 통할 수 있다.

그들은 또 집에서 밥을 해 먹기보다는 외식을 선호하는 문화다. 거기다 돈 많은 외국 기업들이 쏟아져 들어오기 때문에 임금이 높다. 그래서인지 요즘 베트남 젊은이들은 먹고 마시는 데 결코 아끼지 않는다.

12

농수산물 식자재 비교

한국에 살다 베트남에 가서 농수산물을 직접 접해보면 한마디로 너무 싸다고 느끼게 된다. 우리나라 물가가 비싸기도 하고, 한국과 베트남의 환율 차이가 그만큼 크다는 얘기다. 농산물은 말할 것도 없고, 수산물은 종류도 많고 너무 싸서 다 사고 싶은 욕심이 생길 정도다.

앞으로 우리나라는 고물가시대로 간다. 쌀과 밀가루 정도가 큰 변동 없이 싸다고 볼 수 있지만, 채소류는 변동이 많다. 겨울에는 너무 추워서 비싸고, 여름엔 장마와 더위로 인해 비싸다. 양념류는 수입품이 많이 들어오고 있지만 그래도 비싸고, 수산물의 경우 국내산은 찾아보기 힘들고, 육류 또한 가격이 상당히 높다.

20년 전 장사할 때와 현재 장사해서 올린 매출을 놓고 남은 순이익을 비교해 보면 그땐 보통 50~60%는 남는 장사였고, 현재는 솔직히 15%대로 보면 된다. 물론 인건비가 많이 오르긴 했지만 힘들게 장사를 해도 결산해보면 남는 게 없다. 이제 국내에서 자영업을 하여 돈 벌기는 갈수록 점점 어렵다. 하나하나 세금이 다 붙고, 매출이 그대로 드러난다.

눈을 베트남 시장으로 돌려보자! 진짜 큰 부자가 되어 풍요로운 인생을 즐길 야망이 있다면 고성장하는 새로운 시장에 남보다 먼저 뛰어들어야 한다. 진입장벽은 남의 나라라는 이유와 언어문제일 것이다. 이 두 가지를 잘 이해한다면 당신은 이미 성공한 사람이다(필자 또한 베트남과 베트남어를 공부하고 있다).

물가에 대해 알아보자. 단순비교해도 답이 바로 보일 것이다. 농산물을 대충 따져 봐도 7~8배는 싸고, 수산물도 7~10배 이상 싸다. 건어물과 양념류, 육류도 그만큼 저렴하다. 인건비는 8배 이상 차이가 난다. 이런 시장에 한 번은 미쳐봐야 돈 걱정 없이 긴~ 노후를 여행과 골프를 즐기면서 사는 인생이 된다.

다만, 베트남의 점포 월세는 그리 싸지는 않다. 우리나라의 비싼 곳과 비슷하다고 보면 된다. 그러나 점포 보증금이 없고, 초기자금이 적게 들기 때문에 부담이 없다. 여기에 카드보다 현금 매출이 많아 월세 걱정은 안 해도 된다.

13

음식값 비교

　오래전 우리나라에서 점심 한 끼 값이 보통 3,000~4,000원 내지 5천원 미만일 때 일본은 당시 식대가 1만 원대로 부유한 나라였지만 서민들이 살기 힘들다는 말을 했다. 지금 우리나라의 음식값이 일본을 그대로 따라 올라가고 있다. 웬만한 식사 한 끼 값이 1만 원대로, 조금 유명한 집에서 품위 있게 먹으려면 15,000~30,000원은 줘야 만족한다.

　그렇다면 외식사업주 입장에서는 만족할까? 절대 아니다. 아무리 높은 가격을 받아도 운영비가 더 빠른 속도로 올라가기 때문에 수익은 계속 낮아진다. 필자가 아는 한 분의 가게를 경영진단을 해보면 남들은 그 식당을 하면 돈을 쓸어 담는 줄 안다. 단가도 높고, 가끔 주말에 가보면 많은 손님들이 줄을 선다. 월 매출이 상당하리라 본다. 그러나 정작 사업주 본인은 경영에 심각함을 느낀다고 한다. 주말에만 몰리고 평일 낮에 잠깐 손님이 모이다 저녁엔 텅 빈다는 것이다. 이렇다보니 직원 투입에 어려움이 많아 지출은 많아지고, 수익은 한계에 왔다는 것이다.

현재 베트남 외식가격을 보면 지방과 중소도시의 경우 자국민을 상대로 하는 음식값은 한 끼 식대가 700~1,500원대가 많다. 그러나 큰 도시 시내권은 현지인 상대 식대가 1,500~3,000원 선이다. 쌀국수 한 그릇은 2,000원 선이다.

어느 정도 수준 있는 현지인 가게와 일본식 가게들은 현재 우리와 비슷하게 받고 있다. 특히 한국인이 경영하는 식당들은 음식가격이 비싸고, 국내와 별반 차이가 없다. 이유는 손님 대부분이 한국 사람들이고, 베트남 손님들은 어느 정도 수준 있는 사람들만 온다고 보면 된다. 그러다 보니 장사를 좀 아는 사람들은 빠른 속도로 점포를 늘리고, 부동산을 사 모으고 있다. 국내에 비해 모든 것이 7~10배 이상 저렴한데, 받는 식대는 우리와 별반 차이 없이 받으니 마진이 너무 좋다. 비단 음식값뿐만 아니라 베이커리, 햄버거, 치킨 등 먹는 거 대부분이 해당된다. 이보다 더 잘되고 많이 남는 분야는 건축자재 분야가 최고 수익을 내고 있다.

14

현금과 카드 비율 비교

20년 전만 해도 아침에 가게에 출근하면 잔돈 바꿔오는 일이 하루 시작이었는데 지금은 그렇게 하는 곳은 일부 재래시장과 노점상 정도뿐이다. 웬만큼 장사를 하는 집에는 잔돈이 필요 없고, 현금 또한 얼마 안 된다. 도시의 큰 가게들은 카드 매출이 90%대이고, 아주 작은 영세가게와 지방 소규모 가게들도 현금 매출이 50% 이하 정도이다. 여기에 현금영수증까지 해줘야 하기 때문에 매출 세수가 그대로 드러나 한마디로 '꼼짝 마라.'이다. 장사하여 정부와 나눠 먹는 시대인 것이다.

선진국의 예를 들면 카드 비율이 90% 이상 도달 시 세금이 너무 많아 자영업하기가 어렵다. 화려한 도시 상권은 점점 쇠락기로 걷게 된다. 앞으로 우리나라도 그대로 따라간다고 생각하면 된다.

그렇다면 현재 베트남은 어떨까?

베트남은 아시아에서 가장 빠르게 성장하고 있는 소비시장이다. 편의점과 외식 관련 업종, 건설과 통신, 건강 및 미용분야, 유아용품 등의 현대식 점포가 급속도로 증가하고 있다. 아직 현금 비중이 절대적으로 높고, 카드보다는 현금을 더 선호하는 경향이 있다. 물론 대형 마트나 법인 판매점은 카드 매출이 높은 편이고, 한국인을 상대로 하는 어느 정도 규모가 있는 가게들은 현금과 카드 비율이 5대 5 정도 비슷하게 나온다.

우리나라는 통신과 인터넷이 잘 되어 있어 택시까지 카드결재가 가능하지만, 베트남의 인터넷 보급률은 전국적으로 보면 아직 초기단계에 머물고 있다. 우리처럼 갖추어지려면 한참 후나 가능하다.

베트남인들의 상거래를 자세히 보면 대부분 현찰거래임을 알 수 있다. 이렇다보니 웬만한 개인사업자들의 소득을 정확히 파악하기 어렵고, 사업주 입장에서 보면 장사하기 딱 좋은 환경이다. 소비 중심의 성장 스탠스로, 이런 과도기적인 시기가 떼돈을 벌 수 있는 기회라고 보는 이유가 여기에 있는 것이다.

15

자영업 허가문제 비교

여러분도 알다시피 우리나라 자영업은 업종에 따라 상가계약서를 지참하고 관할세무서를 방문하여 사업자등록증만 발급 받으면 누구나 바로 사업을 할 수 있다. 외식사업, 카페, 빵 등은 위생교육 몇 시간을 받고 건강검진을 간단히 받으면 된다. 전반적으로 어느 분야라도 사업을 하기 위해 허가문제는 어렵지 않지만 하고자 하는 업종에 따라 해당 상가건물 용도에 따라 판매 시설이냐 또는 1종, 2종 근생이냐에 따라 달라지고, 술을 판매하는 가게냐에 따라서 달라진다.

요즘은 업종에 따라 소방시설이 까다롭다. 학원 사업자는 해당 교육관청 조례에 맞게 관인 신청을 하면 되고, 스포츠 관련 사업은 하고자 하는 건물 일부가 체육시설이 가능한지 확인하고 임대하면 된다. 토지를 구입하여 외식, 카페 사업을 할 생각이라면 계획관리지역 땅을 사야 하고, 근생 2종 허가가 나오는지, 또한 상하수도, 오폐수까지 되는지 관할청에 확인이 필요하다. 잘못하면 상하수도 등의 비용이 많이 들어갈 수도 있다.

현재 베트남에는 자본투자로 진출하려는 외국이 엄청 많다. 특히 한국 기업과 금융을 필두로 우리의 앞선 제품 노하우를 가지고 각 산업 전반이 대거 뛰어들고 있다.

한국의 개인사업자들에게 좋은 소식은 베트남 신규 법이 2015년 1월자로 제정, 외국인들에게 외식과 카페, 주택 등 많은 새로운 법이 개정되었다는 점이다.

정보가 부족한 개인이 남의 나라에서 처음부터 큰돈의 투자는 너무 위험하기에 소자본으로 진출하는 것이 현명하다.

우리 개인이 작은 돈으로 베트남 시장에 뛰어들고 싶은 분야는 외식사업과 카페, 제빵, 뷰티, 부동산, 교육사업 등 간단한 분야일 것이다. 다행히 2015년 1월 11일자로 외국인 개인이 100% 소유할 수 있는 길이 열렸다. 베트남의 WTO 개방 정책에 따라 베트남인 명의를 빌려 불안하게 장사하던 사업주도 합법적으로 명의를 변경하여 허가를 받을 수 있는 것이다. '기회의 땅'에서 창업을 꿈꾸는 사람들에게 주는 선물이다.

이외에도 복잡한 라이선스를 만들어주고 연결해주는 회계·세무 서비스 제공 업체들이 많고, 아직 베트남은 해당 공무원의 재량에 따라 많이 달라지기 때문에 이를 잘 활용하면 쉽게 일처리가 된다(단, 베트남 법은 개정되어도 행정은 따로 가는 경우가 있다. 그래서 되는 것도 없고, 안 되는 것도 없다는 말이 있다).

또 다른 방법은 바로 투자이민이다. 수년전 중국인이 제주도에 5억 원만 투자하면 영주권을 받고 땅을 사 모으는 걸 보았다(현재 베트남

땅은 외국인이 살 수 없음). 지금 베트남에 5억 원만 가져가면 투자 이민을 할 수 있다. 혹시 수년 내 베트남에 금융위기라도 생긴다면, 그땐 세일가격으로 직접 땅을 살 수도 있다.

결론은 지금 베트남에 뛰어들겠다는 마음이 중요할 것이다.

16

자영업(개인사업자) 세금 비교

우리나라 개인사업자 세금구조는 일반과세나, 간이과세나 부가가
치세를 1년에 4번(분기별 납부), 소득세는 1년에 2번(5월과 11월) 납
부하도록 되어 있다. 여기에 세금은 아니지만 직원들의 4대 보험은
매달 내야 하기에 경영주 입장에서는 세금이나 다름없다.

필자가 아는 지인도 100평 매장에 직원 11명인 가게에서 1년에 부
가세 + 소득세 + 4대 보험 등 세금으로 나가는 돈이 약 1억 원 이상
이라고 귀띔하는 걸 듣고 대한민국 자영업은 차포 떼고 나면 남는 게
있나 싶다. '정말 어렵긴 어렵구나.' 하고 생각하게 된다.

물론 장사가 잘되고 마진이 좋다면 당연히 세금을 많이 내도 아깝
지 않지만, 장사한다고 죽어라고 고생하지만 남는 게 너무 박하다.
여기에 세금이 과도하게 많아지면 자영업자는 죽을 맛이다.

같은 평수의 베트남은 솔직히 우리나라의 80년대처럼 모든 세금체
계가 제대로 안 되어 있다. 해당 공무원의 역할이 강하다. 여기에 맞

게 보조만 잘 맞추면 잘 돌아간다. 물론 변두리 가게와 작은 가게들은 현금 비율이 절대 우위에 있어 세금이 없다시피 하고, 시내의 큰 가게들은 카드 비율이 50%대 정도 나오지만 걱정이 없다. 아무리 카드를 많이 사용해도 세율과 낮은 과표로 세금은 그리 많이 나오지 않는다.

다양한 방법을 이용하여 허위소득 신고와 탈세가 만연하며, 아예 세금신고를 꺼리기도 한다. 처음부터 이중계약서를 만들어 낮은 계약서는 세무서에 제출하고, 정상계약서는 공증용으로 사용하기도 한다.

결론은 아직 우리처럼 과세체계가 정립이 되어 있지 않고, 우리나라의 80~90년대처럼 장사하면서 세금 때문에 스트레스 받을 일은 없다고 보면 된다.

17

마케팅(광고) 비교분석

　우리들은 어느 곳을 가도 SNS를 통해 그 지역 맛집부터 찾는 게 보편화되어 있다. 그만큼 SNS 의존도가 높은 게 사실이다.

　행사나 모임 등 손님을 초대하는 장소도 인터넷을 통하여 좋은 곳을 찾아 예약하고, 먼 지방으로 단체 여행 등으로 갈 때도 그 지역 유명한 맛집을 선정해서 예약하게 된다. 이렇듯 장사를 하는 입장에선 절대적으로 중요한 부분이 마케팅이다. 아무리 입지가 좋고, 맛 좋고, 가성비가 뛰어나다 할지라도 소문을 낼 줄 모르고, 남이 알지 못한다면 그 가게는 오래가지 못한다. 그래서 요즘 성공하는 가게들은 창업과 동시에 마케팅에 집중한다. SNS를 잘 활용하는 창업자는 그래도 빛을 보게 되고, 창업과 장사에만 집중하고 마케팅은 아예 손 놓고 있는 가게들은 전반적으로 상당한 어려움을 겪는다고 할 수 있다.

　'마케팅은 장사의 꽃'이라고 한다. 대한민국에서 마케팅을 등한시하고 창업한다는 건 현실을 모르는 준비 안 된 '엉터리 창업자'로 보면 된다. 결론적으로 국내 창업은 좋은 아이템과 입지, 마케팅의 세 가지가 함께 이뤄져야 한다는 것이다.

베트남의 장사 마케팅도 우리와 다를 바 없지만 그래도 자세히 보면 아직 완전 아날로그식이다. 과거 우리가 그랬듯이 입소문이 첫째로 중요하다. 한국인이 많이 가는 가게는 한국인 교민들에게 입소문이 쫙 퍼져있다. 여행사, 기업 등 비즈니스로 오는 이들에게 금방 입소문이 난다. 현지인 가게는 끼리끼리 찾아다니고, 간판이 광고다. 옛날 우리처럼 지역 책자에도 홍보하고 유명인을 내세워 광고도 하지만, 통신이 아직 미비하여 마케팅을 그다지 중요하게 느끼지 않고 장사를 한다.

결론적으로 현재까지는 마케팅의 중요성을 못 느끼고 장사를 하지만 앞으로 제대로 장사를 계획하는 분이라면 처음부터 인터넷 홍보에 집중해야 바로 성공이 보인다.

다시 한 번 강조하지만 지금시대 장사는 마케팅이 생명줄이나 다름 없다.

18

새로운 것에 대한 상호 비교

솔직히 우리나라 사람들에게 놀랄 정도로 새로운 게 뭐가 있을까? 이제 아무리 새로운 게 나와도 그렇게 혹하지 않는다. 왜냐하면 십수 년 사이 너무 많은 걸 보아왔고, 해외여행도 많이 다녀서 식상할 정도로 많은 걸 안다. 수많은 정보홍수 속에서 살기도 하거니와 과거처럼 그렇게 못 먹고 사는 사람도 없다. 잘 살지 못해도 먹는 것에서 웬만큼 새롭지 않고서는 그리 혹하지 않는다.

그러나 앞으로는 빈부격차도 많이 생기고 점점 살기도 힘들어질 것으로 보인다.

사람들이 마음이 즐거워야 좋은 걸 보면서 환호하는데 현실은 그렇지 못하다.

이제 나이 많은 사람들은 새로운 것에 별 흥미를 못 느낀다. 사는 게 별로 재미가 없다. 풍요로운 노후가 아니기 때문이기도 하고, 힘들게 살아온 그동안의 고생을 젊은이들이 인정해주지 않기 때문이다. 그렇다고 젊은 사람들이 마냥 행복한 것도 아니다. 특별한 희망이 보이지 않기 때문이거니와 직장 생활과 앞으로의 삶 자체가 불확실하기 때문에 새로운 게 생겨도 특별하지 않다.

80년대 우리나라 경제 성장률이 6~10% 할 때는 무서울 게 없고, 무엇이든 하면 되었다. 자고나면 일자리가 5~6개씩 생기고, 대학을 졸업하면 고급 일자리가 널려 있고, 늘 놀라움만 생겼던 때였다. 지금의 베트남이 딱 그대로다.

베트남 사람들은 새로운 것에 열광한다. 얼마 전 축구 감독 박항서에 환호를 보내는 걸 우리가 눈으로 보았듯이 새로운 게 보이면 금방이슈가 되고, 관심을 많이 갖는다.

지금 베트남은 우리의 80~90년대 수준으로 살고 있지만, 한편으로는 현재 우리나라에서 볼 수 있는 거, 우리들이 사용하는 모든 걸 동등하게 보면서 살고 있다. 결과적으로 이 나라는 과거와 현재가 공존하며 조화롭게 이뤄지고 있는 것이다. 한국의 드라마나 K팝, 음식에까지 열광하고 아파트 문화와 우리나라 기업시스템을 너무 닮고 싶어 한다.

경제적으로 보면 외국인 투자비중이 우리나라가 제일 많은 걸 볼수 있는데 우리나라와 베트남은 닮은 곳이 많다는 뜻이기도 하다. 부동산에 이어 베트남 주식 시장도 한국 사람이 다 올려놓았다고들 한다. 현재 베트남은 그만큼 한국 사람들을 좋아한다.

아마 앞으로도 15년 정도는 우리나라 사람들을 좋아할 수밖에 없는 구조로 되어 있다. 국가 경제력과 국민소득 수준을 볼 때 우리와 많은 시간을 함께 공존하며 가게 될 것이다.

결론은 지금 우리를 귀한 친구로 받아줄 때 그 속으로 뛰어들어야 한다는 것이다.

19

장사 대(大)이동

　장사의 고수는 세상을 읽어내고 자기가 좋아하는 일을 가지고 돈을 만들어내는 사람이다.

　여기서 다른 세상으로 눈을 돌려보자.

　이제 한국에서 살아남을 수 있을까?

　지금 한국 경제는 활력을 잃어간다. 일본의 '잃어버린 20년' 때처럼 우리도 가고 있다. 강남 상권을 자세히 보라. 겉만 화려하지 속을 보면 무섭다. 이제 한국에서 장사는 안 된다. 지금 눈을 새로운 곳으로 돌리지 못하면 우리는 죽는다.

　'미얀마의 삼성'으로 불리는 ○○그룹. 2007년 국내에서는 사업이 어렵다고 판단하여 '기회의 땅' 미얀마로 가기로 결정했다. 인천의 작은 건설회사가 지금 미얀마에서 10개 이상의 계열사와 직원 7,000명을 거느린 최고 유망기업으로 성공했다.

　미얀마는 경제성장률 8.6%, 은행금리 13%, 예금금리 10%다. 34평

아파트 한 채를 4억 원에 분양받아 임대를 놓으면 월 700만 원의 수익이 생긴다. 미얀마 노동자들의 평균 임금은 월 18만 원 정도에 불과하다. 양곤에 한국과 일본, 중국까지 집중 투자를 하고 있다. 최근 중국 기업이 양곤시 외곽에 분당 같은 신도시 개발을 준비 중이다. 이게 현재 미얀마다.

삼성 이건희 회장이 말했다.

"지금이 진짜 위기다. 글로벌 일류기업들이 무너지고 있다. 삼성도 언제 어떻게 될지 모른다. 앞으로 10년 내에 삼성을 대표하는 사업과 제품이 대부분 사라질 것이다. 다시 시작해야 한다. 머뭇거릴 시간이 없다. 앞만 보고 가자!"

이 과감한 결단 이후 국내와 중국 공장을 줄이고 삼성은 베트남으로 향했다. 베트남 하노이에서 1시간 거리의 박닌성(우리의 경기도 권) 삼성전자 베트남 공장에는 2만 4,000명의 베트남 직원들이 일하고 있다. 구내식당에서 밥 먹는 직원들을 보는 것도 장관이지만 그들은 숟가락, 젓가락질도 잘한다. 손재주가 뛰어난 베트남 사람들은 휴대폰 만드는 작업을 빨리 익히는 편이다.

삼성전자는 2008년 경북 구미 휴대폰 사업장을 확장하는 방안과 해외 공장을 신설하는 방안 두 가지를 놓고 검토한 끝에 베트남 진출로 최종 결론을 내렸다.

베트남 인건비는 아주 싸다. 고졸 여직원들의 월 급여(초과 수당 포함)는 355달러로, 한국(3,700달러)의 10분의 1도 안 된다(그로부터 10년이 지난 지금, 개인 예비창업자도 대이동을 할 때가 왔다).

삼성전자는 2012년 베트남에서 2만 명의 직원을 뽑았다. 같은 기간

구미공장 채용인원은 고작 175명. 경상도와 전라도, 충청도에서 고교졸업생을 모집했지만 대부분 공장 일에는 손사래를 쳤다. 너도나도 대학 나온 사람들이고, 희망직종은 서비스업을 선호했다.

사정이 이러니 기업들은 해외로 나갈 수밖에 없다. 업무숙련 속도는 초기 3개월은 한국 사람이 빠르지만, 그 이후는 엇비슷해진다. 베트남 노동자들은 좋은 환경의 공장이 집보다 훨씬 시원해서 잔업을 더 시켜달라고 조르는 판이다.

베트남 정부도 삼성전자에 공장부지 34만 평을 공짜로 주고, 법인세를 4년 동안은 한 푼도 안 받았다. 46년 동안 10% 이내에서 조금씩 내면 된다(한국의 법인세는 22%). 비교가 안 된다. 그리고 수입관세와 부가가치세는 면제이고, 전기와 수도, 통신비는 절반 수준이다. 정부가 통제하니 노조가 파업을 해도 4시간 동안만 하고 대충 끝낸다.

베트남 정부는 번듯한 직장을 선사한 한국 기업에 무척 고마워한다. 삼성전자는 호찌민시에도 1조 원을 들여 가전공장 신설을 준비하는데 자그마치 축구장 100개만한 크기다.

정부 규제와 노조의 횡포에 휘둘리는 대한민국 기업들이 이제 임금이 싼 해외로 이전하지 않는 것이 도리어 이상하다.

삼성은 북부지역 4개 공장에 12만 명을 고용하고, 협력회사만 300개가 동반 진출하였다. 추가로 남부 호찌민 가전공장에 약 8만 명을 투입할 예정이다. 또한 베트남 엘리트 기술인력 육성에 집중하고 있다. 저임금에 풍부한 노동력, '포스트 차이나'로 주목받는 베트남에 사세를 확장하고 있는 것이다.

이와 함께 현재 LG도 3개 공장을 하이퐁에서 가동 중이다.

다시 개인사업 환경에 대해 알아보자.

베트남은 중산층 확대로 생산기지와 소비시장 기능이 모두 확보된 상태다. 주요 소비계층인 20~49세까지의 인구가 전체 인구의 절반을 차지하고 있으며, 2021년에는 중산층 인구비중이 40%에 육박할 것으로 전망된다.

베트남 프랜차이즈 시장에 총 21개국 170개 기업의 외국 프랜차이즈 브랜드가 존재한다. WTO 개방 일정에 따라 2009년부터 베트남 프랜차이즈 시장이 전면 개방돼 많은 해외 기업이 베트남 시장에 진출하기 시작했다. 로컬프랜차이즈 업체도 활발하다.

현재 많이 진출하는 나라는 미국과 싱가포르, 영국, 한국, 일본 순으로 진출 중이고, '한류열풍'으로 외식과 뷰티, 미용, 메이크업, 교육서비스, 편의점 등이 활발하다. 이와 함께 온라인마케팅을 통해 유통과 패션, 식음료 등의 베트남 진출이 눈에 띈다.

아무리 좋은 아이템도 단기간에 많은 수익을 얻으려면 무리이고, 어느 정도 중장기적인 안목으로 접근해야 한다. 진출 시는 유력한 잠재 파트너(로컬에이전트)가 공동투자와 현지인 대상의 마케팅을 담당할 경우 성공 확률은 더욱 높다. 현재 베트남 도시화 비율은 35%로 동남아 어느 나라보다 낮은 편이고, 소비시장 또한 30%대로 앞으로 한창 급팽창하게 될 것이다.

베트남 정부는 '황금의 땅' 다낭, 꽝남 등이 위치한 중부지역을 '경제수도' 호찌민에 맞먹는 베트남 3대 핵심권역으로 개발하기 위한 프로젝트를 본격화했다. 우리도 이곳에서 부동산과 숙박, 관광, 레저, 뷰티, 미용, 식음료 등에 관심을 가져야 한다.

옛 월남(사이공)인 호찌민시는 1군에서 12군으로 이루어져 있다. 1군은 호찌민의 최중심지로, 주요 관광지가 많다. 한국 교민은 푸미흥이라는 신도시에 대부분 살고 있는데 10수년 전부터 대만 기업이 개발하여 지금도 신도시가 진행 중이다. 시내에서 약간 떨어진 7군은 주거와 상업지로 서울로 치면 강남으로 보면 된다. 현재 한국 교민은 10만 명 정도 산다는데 정확한 숫자는 아닌 듯하다. 이곳은 우리처럼 아파트촌으로 이뤄져 있고, 지금도 계속하여 분양중인 곳이 많다.

한국 교민이 운영하는 부동산사무소가 아파트 상담은 편하고 이해가 빠르다. 상가임대 문의는 로컬부동산이 저렴하고, 정보도 얻을 수 있다(권리금 차이). 단기 원룸임대 등은 현지에 다녀보면 부동산을 통하지 않아도 방 임대가 많이 붙어 있다. 보증금이 없기 때문에 크게 속을 일은 없고, 신축된 풀 옵션 방만 구하면 된다(계약 시 단기, 중장기 선택).

참고로 추운 겨울에 따뜻한 베트남으로 여행 및 답사 겸 일주일 정도 다녀오는 것도 베트남 경제 공부가 많이 된다.

20

부동산 비교

지금 우리나라 산업과 부동산을 보면 올 것이 오고 있다. 현재 가계 부채 1,500조 원. 미국 금리가 1.75%이지만 올해 말 미국 금리는 2.25% 이상으로 올라갈 것으로 보인다. 이렇게 되면 외국 자본이 빠져나가고, 한계기업과 영세 자영업자는 심각한 어려움에 직면하게 된다. 6개월 동안 수출입 재고지표를 보면 우리 경제는 완전 추락 중이다. 여기에 경제 전문가들에 의하면 "내년부터 부동산 가격 하락이 본격적으로 나타나고, 개인의 모든 자산이 디플레이션이 생겨 살기 어려운 시대로 간다."고 한다.

그러나 지금 현실은?

전 국민이 잘 알다시피 부동산에 관한한 누구라도 최대의 관심사다. 약 5년 사이 전국적으로 부동산 붐이 일어났다. 많이 오른 곳은 몇 십 배까지. 비단 우리나라만 그렇게 많이 올라간 게 아니다. 글로벌 나라 대부분이 부동산 열풍이었다고 보면 된다. 그 요인은 지난

2008년 금융위기로 인해 일시적으로 세계 경제가 폭락한 이후 미국 발 경제 훈풍이 불면서 저금리에 돈이 많이 풀리고, 딱히 투자처가 없던 중에 부동산이 딱 맞아 떨어진 탓이다.

지금도 강남 일부에서 그 비싼 가격에도 불구하고 구매자가 많은 걸 볼 때 부동산의 매력은 상상을 초월한다. 이것뿐인가. 제주도를 비롯하여 평택, 세종 등 개발 호재가 많은 곳엔 땅값이 하늘 높은 줄 모르고 올라있다. 지역 땅값을 관찰하다 보면 스스로 기가 죽는다.

왜 그때 못 사고 기회를 놓쳤을까? 정보도 돈이요, 관심과 현장을 뛰어드는 발품도 돈이다. 누가 말했던가. '땅은 거짓말 않고 보물'이라고. 부자를 꿈꾼다면 땅을 가져라.

그렇다고 끝도 없이 올라만 가는가? 아니다. 급등 후엔 반드시 폭락도 온다. 즉, 부동산 세일이 온다는 말이다. 그때 기회를 잡아야 하기에 늘 세계 경제 흐름에 관심을 가져야 준비된 자에게 '기회의 여신'이 돌아온다.

그렇다면 지금 우리나라 사람들이 왜 베트남 부동산에 관심이 많을까? 베트남 부동산 가격이 결코 대한민국 부동산 시가보다 싸지도 않다. 단순히 도심을 비교해 보면 억 소리 나올 정도로 베트남도 비싸다. 예를 들면 베트남 호찌민의 3군 정도에 있는 새 아파트 전용 면적 15평 정도가 3억 원 가량이다. 땅값은 평당 3천에서 8천만 원 정도 (50년 임대). 베트남에서 분양 아파트는 외국인도 소유할 수 있지만, 땅은 외국인이 가질 수 없다.

이렇게 비싼데도 왜 한국 사람들이 베트남 부동산에 관심이 큰 이유가 뭘까? 한마디로 먹을 것이 많고, '기회의 땅'이기 때문이다.

가격만 단순 비교하면 바보다. 지금 비싼 듯해도 베트남은 금리가 높아 임대를 놓았을 때 월 임대료가 상당히 많이 나온다. 앞으로 더 많이 올라갈 소지도 다분히 많다고 할 수 있다. 당장 하노이와 다낭, 호찌민시 초 시내권에는 집지을 땅이 부족하고, 허가문제도 까다롭다. 도시 사람들 또한 외곽으로 벗어나려고 하지 않는다.

이는 여유 있는 한국 사람들이 더 이상 국내에서 투자처를 찾을 수 없는 환경을 잘 알고 있기도 하고, 분산 투자처로서 베트남 부동산에 관심을 갖게 된 이유이다. 앞으로 한국 부동산에 투자하게 되면 많은 세금에, 낮은 임대료, 또는 폭락 위험 부담까지 안아야 한다. 그런데 베트남의 아파트를 사두면 높은 월 임대료가 나오고, 가격 상승 여력과 낮은 세금, 덤으로 겨울에 따뜻한 나라에 가서 보낼 수도 있다. 그리고 현저히 싼 물가로 인해 생활비가 한국에 비해 몇 분의 1만 가져도 풍요롭게 지낼 수 있는, 여러모로 장점이 많다.

그러나 필자가 보는 현재 베트남 부동산 가격도 단기 고점에 왔다고 본다. 그동안 너무 가파르게 올라왔기 때문에 일시 조정(금융위기 등)이 있으리라 생각하지만, 장기적으로 볼 땐 투자 매력이 엄청난 게 사실이다.

21

주식시장 비교

　참고로 필자는 어떻게 하다 보니 주식을 30년 가까이 하고 있다. 그래서 우리나라와 베트남 주식을 비교하고, 판단내리기가 쉽다. 이제까지 우리나라 주식시장에서 살아남은 것도 생각해보면 필자 스스로 신기함을 느낄 때도 있다.

　필자와 함께 주식하던 많은 사람들이 한결같이 다 망가져 형편없는 삶을 사는 걸 볼 때 수도 없이 주식과 이별을 다짐했지만 지금도 그 고리를 끊지 못하고 있다.

　한국 주식을 30년간 직접 해보니 변화무쌍이다. 그동안 수백 배까지 올라간 종목도 있는가 하면, 그렇게 많이 올라갔던 것이 어느 날 보면 휴지 값으로 떨어지기도 하고, 세월이 가도 항상 그 장단인 종목도 많다. 물론 오늘의 고성장 기업이 10년 후는 사양산업으로 전락하는 게 현실이니 주식도 그에 따라 변해가는 게 맞다.

　좋은 종목을 사서 장기 투자하라고 하는데 직접 투자를 해보면 그렇게 마음먹은 대로 안 된다. 주식은 "어~" 하다 놓치고 늘 실패한다. 매일 눈과 귀로 수많은 정보가 들어오기 때문에 장기로 가지고 있지를 못한다. 그래서 개인투자자는 실패하게 된다. 현재 우리나라 주식시장의 시계는 개인이 덤비기엔 한계가 온 듯하다. 거대 외국 자본과 등치가 산만한 국민연금 같은 국내기관들 간의 돈 놓고 돈 먹는 그들만의 싸움이지 아무리 지수가 5,000포인트를 간다 할지라도 개미가 이 시장에서 정상적으로 돈 벌기는 '하늘에 별 따기'다.

그렇다면 베트남 주식시장의 현재와 앞으로는 어떻게 될까?

한마디로 '왕대박.' 2년여 너무 많이 올라온 게 부담되고 조정은 있겠지만 앞으로 한동안은 계속 올라갈 것이다. 이에 대한 근거로는 베트남 경제가 고성장 중이고, 외국 투자자본이 끝도 없이 밀려오기 때문이다. 풍부한 젊은 노동력과 저렴한 임금 등……. 그래서 지금 베트남은 한마디로 '우후죽순'이라고 표현한다. 잠자고 나면 100만 장자가 쏟아져 나온다. 다만, 베트남의 금융 부채가 과도하게 많아 일시적으로 위기는 분명히 생길 수 있다. 대략적으로 잡아보면 2~3년 후쯤일 수 있다. 일시적인 큰 충격으로 베트남 주식시장도 폭락을 맞겠지만 10~15년 후를 놓고 길게 본다면 더 큰 기회요, 지금에 비해 좋은 종목은 아마 100배는 올라가지 않을까 싶다.

필자의 경험으로 볼 때 현재 베트남 주식시장 시가총액을 보면 초기단계로, 잘만 보고 장기성장 가능 종목에 장기로 묻어 둔다면 '황금알을 낳는 거위'가 될 것이다.

필자 또한 10년 후를 내다보고 베트남 우량 종목에 일부 투자를 하고 있다.

TIP

– 필자가 보는 현재 베트남 유망종목

- **빈그룹(건설 · 유통 · 기타 다양한 분야 진출)** : '베트남의 삼성전자'
- **바오비엣홀딩스(보험 · 금융지주회사)** : 삼성화재
- **호아팟그룹(철강)** : 한국 포항제철
- **HD(은행)** : 베트남은 대출금리가 좋다.
- **DHG(제약 · 바이오)** : 제약은 초기단계로 유망(비엣콤뱅크 등)
- **FPT(소프트 · 통신)** : 통신이 아주 유망
- **마산그룹(조미료 · 식품)**
- **비나밀크(유제품)**
- **비엣젯항공(저가항공)** : 수요 폭발

22

베트남에서 지금 창업하면
딱 좋은 유망업종

• **삼송빵집 같은 장사가 답이다** : 호찌민 시내나 하노이 시내 어디라도 이 아이템은 성공이 보인다. 국내에서 하는 식으로 베트남에 본점 깃발을 꽂는다면 아마 그 사람은 대운이 품안으로 들어왔다고 본다.

• **가맛골갈비(강강술래식)** : 국내도 잘되는 시스템이지만 아마 베트남 호찌민 시내에 오픈한다면 난리 나리라 생각한다. 우선 브랜드 파워가 있기도 하고, 사업차 호찌민을 오고가는 비즈니스 인원이 회식과 접대 또는 현지 돈 잘 버는 중산층이 워낙 많아 금방 소문이 나리라 본다. 이 시스템을 능가할 상대가 없을 것이다.

• **토스트 & 햄버거** : 돌아보건대 필자가 한참 일 많이 할 때가 80년대. 그땐 돌아서면 배고팠고, 늘 허기졌을 때 빵 하나, 고기 덩어리 한 점이면 황홀할 정도로 기분이 좋았다. 토스트를 노랗게

구워서 설탕을 뿌려 먹으면 어쩌나 맛있던지. 아마 지금 베트남 젊은 친구들이 그 맘이 아닐까. 사람 입맛은 똑같은 것, 그게 바로 햄버거.

- **냉면 & 막국수** : 맥주가 잘 팔리는 나라는 더운 나라다. 그렇다면 이 아이템이야말로 철을 타지 않고 꾸준히 매출을 올릴 수 있는 메뉴라고 본다. 남과 다른 경영전략을 세운다면 쌀국수를 능가할 수 있는 쉽게 성공이 보이는 분야다. 현지인이 좋아하는 미끼 상품을 꼭 앞세워야 늘 줄서는 가게가 될 수 있다.

- **국내에서 최고 잘나가는 업종** : 영유아 사업·미용사업 분야
  천하복국, 힘센장어, 콩나물과 겉절이 비빔밥, 삼계탕 전문점, 카센터, 쌀떡볶이집, 치킨 or 닭강정(만선), 김치·된장찌개전문, 해물 누룽지 곰탕 그 외 50가지 추천.

- **건축자재상점** : 현재 베트남 도심은 한마디로 건축 중이요, 앞으로도 상당기간 건축 세상일 듯. 자고나면 도시가 달라지는 그런 곳이 베트남이다. 중산층이 수도 없이 생겨나기 때문에 건축자재상점이야말로 땅 짚고 수영하기식. 이 사업을 잘만 하면 10년 내 100억 원도 문제없으리라 생각한다.

- **도기장사와 천막사업** : 이 분야 또한 건설공사가 많은 곳엔 초대박 사업. 천막 또한 경제성장률이 좋은 나라일 땐 엄청 일감이 많다. 자세히 보면 집과 건물만 생기면 도기는 필수. 도심과 그 주변의 변화가 많을 땐 꼭 천막이 따라간다.

- **종합스포츠센터 :** 헬스 + 골프 + 에어로빅 + 요가 + 방송 댄스 등 한국식으로 영상에, K팝, 스크린 광고에 집중한다면 아마 반응이 대단하리라. 한 번 시설을 해두면 오랫동안 재투자 없이 사업이 가능하고 어려운 시절에 운동도 많이 한다.

- **학원교육사업 & 인력사업 :** 이 일 또한 재미있는 사업이다. 한국인들에게는 베트남어를 가르치고, 베트남인들에게는 한국어를 가르쳐 한국 기업에 인력을 소개하고, 한국에 있는 기업과 인력회사로 인력 송출도 한다면 좋은 사업일 듯.

- **부동산 & 주식 컨설팅 :** 한국인들은 부동산에 관심이 많다. 그래서 지금도, 아니 앞으로도 계속해 더 많은 사람들이 베트남 부동산에 투자하려고 할 것이다. 또한 해외 주식에도 관심이 많다. 그러나 특별한 정보 은행이 없다. 그 일들을 컨설팅하자는 것이다. 현지 공부를 제대로만 해두고, 좋은 물건과 유망 종목만 선택해 둔다면 그게 바로 돈이 될 것이다.

이 외도 많은 유망 업종이 여러분을 기다리고 있다. 전문가와 상담을 통하여 자세히 공부하시기 바란다.

제2장

베트남의 유용한 정보
공부하기

2

01

국가 개요

일반 개황

국가명	베트남 사회주의 공화국 (The Socialist Republic of Vietnam)
수도	하노이
면적	330,967㎢ (한반도의 약 1.5배) 남북 1,700km, 해안선 3,200km
인구	9,270만 명(2016년 기준, 베트남 통계청)
남녀 성비	49.4(남) : 50.6(여)
행정구역	5개의 중앙직할시와 58개 성으로 구성
5개 중앙직할시(2016)	호찌민(815만 명), 하노이(722만 명), 하이퐁(196만 명), 껀터(125만 명), 다낭(103만 명)
공용어	베트남어
인종	낀족(Kinh, 전인구의 85.72%) 등 54개 민족
종교(2013)	종교 인구 약 2,400만 명 중 불교(45.8%), 카톨릭(27.1%), 개신교(6.3%), 기타 (20.8%) 등
기후	북부 : 아열대성, 남부 : 열대몬순

시차	한국보다 2시간 늦음(G.M.T + 7시간)
한-베 수교일자	1992. 12. 22.
화폐 단위	베트남동(VND, Vietnamese Dong)
환율	1US$ = 22,750VND(2017년 12월 1일 시중은행 매매 기준)
정치제도	베트남 공산당 1당 체제
당서기장	Nguyen Phu Trong(응웬 푸 쫑)
국가주석	Tran Dai Quang(쩐 다이 꽝)
국회의장	Nguyen Thi Kim Ngan(응웬 티 낌 응언)
총리	Nguyen Xuan Phuc(응웬 쑤언 푹)

베트남 약사

시기	기간	비고
1차 중국지배	BC 111 – AD 972	– 중국 한나라에 복속 쯩 자매 봉기
전기 Le(레, 黎)왕조	980 – 1009	– Le Hoan이 송나라를 물리치 고 건국
Ly(리, 李)왕조	1009 – 1225	– 최초의 자주국가 – 이용상 왕자 고려로 망명 화산 이씨 시조
Tran(쩐, 陳)왕조	1225 – 1400	– 몽고 침입 격퇴
후기 Le(레, 黎)왕조	1427 – 1789	– Le Loi가 명나라를 격퇴하고 건립
남북 분립기	1789 – 1801	– 북 Trinh(찐, 鄭)씨와 남 응원 (nguyen, 阮)씨 대립
응원 (nguyen, 阮)왕조	1802–1859	– 현재의 베트남 영토 확정
프랑스 식민시대	1859–1954	– 아르망조약으로 프랑스 보호 국으로 전락
대미 항쟁시대	1954–1973	– 파리평화협정(종전) – 호찌민 사망(1969)
베트남 사회주의 공화국	1973– 현재	– 도이머이정책(1986)

02

정치 · 사회 동향

기본 정치체제

베트남은 사회주의 공화제를 국체 및 정체로 하고 있다.

공산당은 국가와 사회를 영도하는 유일세력, 국회는 국가 최고 권력기관, 국가주석은 국가를 대표하는 대통령, 정부는 국가 최고 행정기관이라고 헌법에 명시되어 있다.

최근 정치동향

1986년부터 추진한 도이머이(刷新)정책이 상당한 성과를 거두었다고 평가하고 개혁 · 개방을 통한 국가발전을 지속 추진하고 있다.

공산당 지배의 정치체제를 유지하면서 체제 안정을 위한 국민화합과 경제 개혁을 가속화 중이다.

이와 함께 부정부패 척결을 지속 추진함과 동시에 개혁 · 개방 부작용 해소에 노력하고 있다.

개혁·개방 추진과정에서 대두되고 있는 당원 및 관료의 부정부패와 각종 범죄 확산 등의 문제 해소를 위하여 '부패방지법'을 제정하는 등 부패 척결을 강조하고 있다.

농촌 및 소수민족 등 경제발전 소외계층의 불만을 무마하기 위해서는 농촌 개발과 빈곤 퇴치, 소수민족 배려정책 등을 적극 추진하고 있다.

지난 2016년 제12차 공산당 전당대회(2016년 1월 20일~28일)에

베트남 2016~2020년 사회 경제개발계획 주요 내용

경제	2016~2020년 연평균 GDP 성장률	6.5~7%
	2020년 1인당 GDP	3,200~3,500달러
	GDP 대비 공업, 서비스 부문 비중	85%
	총 GDP 대비 사회 투자 비율	32~34%
	재정적자 비율	GDP 대비 4% 미만
	총 요소생산성(Total-Factor Productivity)의 경제성장률 기여도	30~35%
	2020년 도시화 비율	38~40%
사회	2020년 농업 부문 노동자 비율	총 노동자 수 대비 40%
	2020년 직업훈련을 받은 노동자 비율	총 노동자 수 대비 65~70%
	도심 실업률	4% 미만
	의료보험가입 인구 비율	80%
	빈곤가정 비율	연간 1~1.5% 감소
환경	정수사용 인구 비율	도심 지역 95% 비도심 지역 90%
	폐수처리 비율	85%
	삼림피복률	42%

자료원 : Resolution No. 142/2016/QH13

서 정부 주요 인사를 선출하였고, 2016년~2020년 기간 중의 사회·경제 분야의 목표를 수립하였다. 더불어 이를 달성하기 위한 경제개발계획을 인준하였다(전당대회는 5년마다 개최).

대외관계

실리적이고 능동적인 경제외교를 통해 자국의 세계경제로의 통합과 개방·개혁정책을 적극 지원한다는 개방적인 외교기조를 유지하고 있다.

'독립, 자존, 평화, 협력, 발전'과 '개방, 다양화, 다변화'라는 기본 원칙하에 중국과 북한은 물론 미국 등 모든 국가와의 선린우호관계를 유지하고 있다.

적극적인 다자외교 전개를 위한 일정은 다음과 같다.

· 1995년 7월 ASEAN 가입
· 1998년 11월 APEC 가입
· 2007년 WTO 가입
· 2008년 UN 안보리 비상임이사국 피선
· 2010년 ASEAN 의장국 수임
· 2017년 제25회 APEC 정상회담 개최(베트남 다낭시)

사회적 특징

베트남은 근면, 성실, 인내를 갖춘 민족으로서 외세에 굴복하지 않은 역사를 가진 나리리는 자부심이 매우 강하다.

베트남은 전통적으로 여성의 역할이 강조되고 여성들의 사회활동이 매우 활발한 사회이다.

6성조를 가진 베트남어가 공용어이며, 중국의 영향을 받아 한자를 표기에 사용했으나 8세기경 한자의 뜻과 음을 차용해 만든 쯔놈(Chu Nom)을 만들어 이용하고 있다. 18세기 말경 예수회 사제들이 쯔놈을 알파벳으로 옮겨 쓰면서 오늘날의 베트남 문자가 일반화되었다.

베트남은 공산주의 사회임에도 국민들의 종교활동을 용인하고 있으며, 일상생활 속에 도교와 유교의 영향을 받은 미신적인 요소가 상존하고 있다.

전국에 450개 이상의 언론매체 및 560종의 인쇄매체가 발행되며, 국영 베트남TV 이외에 각 성별로 자체 방송국을 운영하고 있다. 국내 언론에 대해서는 정보통신부(언론국)에서 인·허가 및 검열업무를 관장한다.

한국과의 주요 이슈

베트남 정부와의 관계

· 1992년 4월 : 양국 연락대표부 설치 합의
· 1992년 8월 : 주 베트남 연락대표부 설치
· 1992년 10월 : 주한 베트남 연락대표부 설치
· 1992년 12월 : 외교관계 수립 및 대사관 설치
· 1993년 11월 : 주 호찌민 총영사관 설치

경제협력관계

국교 정상화 이후 양국 정상을 비롯한 고위급 인사들의 상호 방문이 늘어나고 경제·문화·예술행사를 장애 없이 교환하고 있다.

2009년 베트남 수상의 제의로 양국은 경제 파트너를 뛰어넘어 정치·외교적인 우군을 의미하는 '전략적 협력동반자 관계'를 맺고 있다.

베트남은 한국과의 실질적인 협력관계 발전을 매우 중시하면서도

북한과의 전통적인 우호협력관계를 유지하기 위하여 노력 중이다.

한국 기업의 노동력 공급원이자 현지 생산기지로서 베트남의 중요성은 크게 확대되고 문화측면에서는 한류의 확산거점으로서 그 비중이 커지고 있다.

2015년 12월 20일 한·베 FTA가 공식 발효되어 양국의 무역 증진에 크게 기여할 것으로 전망된다.

친한정서 및 다문화 가족문제

화산 이씨 등 역사적인 유대감과 한류열풍 등으로 한국 및 한국 제품에 대한 이미지가 매우 좋다.

최근 다문화가족 문제 등으로 청년층에서는 반한(反韓)정서의 조성 가능성도 있다.

04

경제 동향 및 전망

2018년 베트남 경제 전망

베트남의 2018년 GDP 성장률 목표는 6.5~6.7%이다.

2017년 11월 10일 베트남 국회는 2018년 사회·경제개발계획안을 통과시켰는데, 이 계획에 따르면 베트남은 GDP 성장률 6.5~6.7%, 물가상승률 4% 이내, 수출액 7~8% 증가 등을 2018년 베트남 주요 경제 목표로 삼았다.

국제통화기금(IMF)과 월드뱅크(WB), 아시아개발은행(ADB) 등 주요 글로벌 경제기관들 역시 2018년 베트남 경제 성장률이 6% 중반대에 이를 것으로 전망하였다.

2018년 베트남 사회 · 경제개발계획 주요 목표

GDP 성장률	6.5~6.7%
수출 증가율	7~8%
무역적자 비율	수출액의 3% 미만
사회개발투자 비율	총 GDP 대비 33~34%
빈곤가정 비율	1~3% 감소
도심지역 실업률	4% 이하
의료보험 가입 비율	총 인구의 85.2%

자료원 : 베트남 정부 홈페이지

2018년 베트남 주요 경제지표 전망

	2014	2015	2016	2017f	2018f
GDP 성장률 (%)	5.98	6.68	6.21	6.7	6.3
1인당 GDP (달러)	2,051	2,109	2,215	2,301	2,460
소비자 물가상승률(%)	4.1	0.6	2.7	4.9	4.8
산업생산증가율(%)	7.6	9.8	7.3	7.5	6.5
동-달러 환율 (VND)	21,246	21,890	22,790	23,208	24,258

자료원 : 베트남 통계청, IMF(국제통화기금), EIU(Economist Intelligent Unit)

　　2018년 미국과 유럽 등 선진국의 경기 회복 전망은 베트남 수출에 긍정적인 신호를 보이고 있다. 2018년에도 베트남의 수출 호조세는 지속될 것으로 전망되는데, 이는 베트남 주요 수출 시장인 미국과 유럽, 일본 등 주요 선진국들의 경기가 이듬해에도 회복 흐름을 이어나갈 것으로 예상되기 때문이다. IMF(국제통화기금)는 2017년 10월 세계경제전망 보고서(World Economic Outlook)를 통해 2018

년 선진국 경제가 올해에 이어서 경기 회복세를 보일 것으로 예상하고 있다.

베트남의 무역 구조는 중국, 한국 등으로부터 중간재를 수입 및 가공하여 미국과 EU 등 선진국으로 완제품을 수출하는 구조를 띄고 있기 때문에 베트남 수출 실적은 선진국 경기에 큰 영향을 받는다. 이 나라는 주력 수출 품목인 휴대폰과 전자제품, 의류, 신발 등을 중심으로 수출이 증가하고, 외국인 투자기업들의 현지 생산활동 역시 더욱 활발해질 것으로 전망되고 있다.

외국인 투자의 지속 유입이 베트남 경제성장을 견인할 것으로 전망된다. 당초 미국 트럼프 대통령이 TPP(환태평양 경제동반자협정 ; Trans-Pacific Partnership) 탈퇴 행정명령에 서명함으로써, TPP 최대 수혜국으로 언급되었던 베트남은 외국기업 투자자금 유입 지연 등의 부정적인 영향을 받을 것으로 예상되었다. 그러나 베트남 정부의 대내외적 투자환경 개선 노력과 함께 이미 다수 국가들과 체결한 자유무역협정(FTA), 낮은 인건비 등의 이점을 활용한 대 베트남 투자는 지속 증가 추세에 있다.

2017년 1월~11월 기준 대 베트남 외국인 총 투자금액은 전년 동기 대비 53.4% 증가한 331억 달러를 기록했으며, 투자 이행 금액 역시 전년보다 11.9% 증가한 160억 달러를 기록해 역대 최고치를 기록한 작년 금액을 뛰어넘었다.

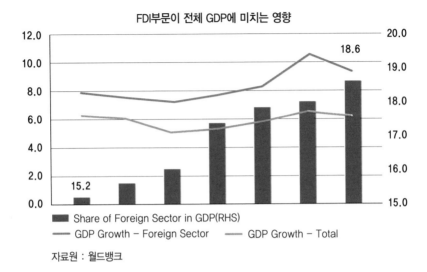

FDI부문이 전체 GDP에 미치는 영향

- Share of Foreign Sector in GDP(RHS)
- GDP Growth – Foreign Sector
- GDP Growth – Total

자료원 : 월드뱅크

　그러나 베트남 경제는 보호무역주의 확산과 공공부채 증대 등 잠재적인 리스크가 상존하고 있다.

　2019년 베트남 경제 대외 리스크는 보호무역주의 확산 및 미국 기준금리 인상으로 인한 수출·투자 둔화가 꼽히며, 대내 리스크는 국영기업(SOE) 민영화 속도 지연과 은행 부실채권(NPL) 처리 문제, 높은 공공부채 비율 등이 존재한 것으로 전망된다. 베트남 정부는 이러한 요인들이 2018년 베트남 경제 성장의 발목을 잡지 않도록 대내외 리스크 관리에 더욱 주력할 것으로 예상된다.

베트남 대외 교역 동향

① 개황

베트남의 교역규모는 2007년 처음 1천억 달러를 넘어섰으며, 이어

4년만인 2011년에는 2천억 달러를 돌파했다. 이후 4년 만인 2015년 3천억 달러를 넘어섰다.

베트남 무역규모 증가는 외국인 투자기업이 사실상 주도하고 있으며, 외국인 투자기업의 수출입 활동이 베트남의 무역적자 폭을 줄이는 역할을 하고 있다.

베트남 대외교역 동향

(단위 : 억 달러)

구분	2012	2013	2014	2015	2016	2017년 11월
수출	1,145.3	1,320.3	1,500.4	1,624.4	1,759.4	1,938
수입	1,137.8	1,320.3	1,480.6	1,656.1	1,732.6	1,910
무역수지	7.5	0.1	19.8	−31.7	27	28

자료원 : 베트남 통계청

2017년에는 미국의 보호무역주의와 TPP 탈퇴로 인한 기존의 통상 환경 변화 그리고 세계경기 회복 약세로 베트남의 대외 교역 성장세가 제한적일 것이라는 우려가 존재하였다. 그러나 베트남 제조업 경기 호조 및 외국인 투자기업들의 활발한 현지 생산활동 덕분에 2017년 1월~11월 베트남 수출입액 모두 약 21%가 증가하는 등 견고한 성장세를 기록하고 있다.

② 수출

베트남의 대외 수출은 각종 전화기 및 부품과 섬유·직물제품, 신발류, 전기전자제품·부품, 신발류가 전체 수출의 50% 이상을 차지하며 주종을 이루고 있다.

미국과의 무역협정 발효 직후인 2002년부터 대미 섬유·의류제품 수출이 급증하여 미국이 베트남의 1위 수출대상국으로 부상하였다.

 최근 베트남 수출에서 나타나는 두드러지는 특징으로는 2014년 이후 휴대전화가 수출 1위 품목으로 부상하여, 전기전자산업이 베트남 수출을 주도하는 핵심 품목 및 산업으로 자리 매김하고 있다.

05

한국과의 교역동향 및 특징

한 · 베 교역 동향

양국 간 교역은 1992년 수교를 맺은 이후 25년간 100배 이상 증가하였다.

수교 당시인 1992년 양국 교역규모는 5억 달러 수준에 불과했지만, 2017년 10월 526억 달러를 기록하며 500억 달러를 돌파하였다.

한국은 매년 큰 규모의 흑자(2017년 1월~11월, 289억 달러)를 기록하고 있으며, 이러한 추세가 당분간 계속될 것으로 전망된다.

우리나라의 대(對) 베트남 투자 패턴이 점차 고부가가치 산업으로 변화함에 따라 수출 품목은 점차 다양화될 것으로 보이며, TPP, 한 · 베 FTA, AEC 등 베트남의 시장 개방 확대에 대비한 시장 선점을 위한 노력도 한층 커질 것으로 예상됨에 따라 양국의 교역량은 더욱 빠르게 증가할 것으로 보인다.

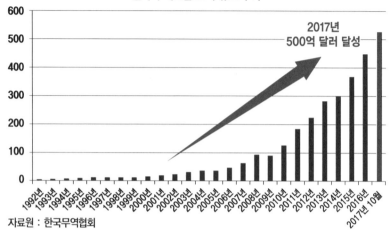

한국과 베트남 교역 규모 추이

2017년
500억 달러 달성

자료원 : 한국무역협회

한 · 베트남 교역동향

(단위 : 백만 달러, 전년 대비 증가율 %)

구분	2013	2014	2015	2016	2017.11월
수출	21,088(32.2)	22,333(5.9)	27,771(24.2)	32,630(17.5)	43,687(48.4)
수입	7,170(25.4)	7,989(11.3)	9,805(22.7)	12,495(27.4)	14,819(29.2)
무역수지	13,917	14,344	17,965	20,135	28,868

자료원 : 한국무역협회

주요 수출 품목

대 베트남 수출은 한국의 현지 투자 진출이 활기를 띠면서 이들 투자기업들의 각종 설비류·원부자재 수요 증가에 힘입은 바가 크며, 이외에도 베트남 신도시 개발계획 추진 등 건축 건설경기 활성화 관련 품목 수출도 증가하고 있다.

한국의 대 베트남 수출 상위 품목을 보면 원부자재 및 자본재의 수출 비중이 소비재보다 절대적으로 높은데, 특히 최대 투자 산업인 전자와 섬유, 봉제 관련 품목 비중이 높다. 주요 품목으로는 반도체와 평판디스플레이, 무선통신기기, 기구부품, 석유제품 등이다.

최근 한류를 이용하여 화장품, 식품 등 소비재 수출이 활기를 띠고 있으나, 베트남 내수 소비시장 경쟁 심화로 기대만큼의 증가세는 보이고 있지 않다.

최근 타결된 한국·베트남 FTA는 기존 한·아세안보다 개방수준이 높고 원산지 기준이 개선됨에 따라 우리 기업들의 베트남 시장 진출 기회가 더욱 늘어날 것으로 전망된다.

한국의 대 베트남 품목별 수출현황

(단위 : 백만 달러, 전년 동기 대비 %)

품목명	2014	2015	2016	2017년 11월
반도체	2,789	2,871	4,574	8,368
평판디스플레이 및 센서	597	1,266	2,514	6,605
무선통신기기	2,271	4,249	5,192	3,050
기구부품	938	1,233	1,657	2,395
석유제품	600	328	1,093	1,819
기타 기계류	456	670	594	1,350
합성수지	978	8,977	1,203	1,317
평판디스플레이 제조용 장비	9	127	125	1,294
플라스틱 제품	508	740	744	1,048
기타	13,206	7,312	14,955	16,441
합계	22,352(6.0)	27,773(24.3)	32,651(17.5)	43,687(48.4)

자료원 : 한국무역협회(MTI 3단위 기준) / 주 : 2017년 순위 기준

주요 수입 품목

한국의 대 베트남 주요 수입 품목은 섬유제품과 IT기기, 광물성연료, 수산물, 임산물, 신변잡화 등으로 수산물과 농산물을 제외한 섬유의류제품과 IT기기, 신변잡화 등 공산품 수입은 주로 현지 한국 투자기업들로부터의 역수입이 주류를 이루고 있다. 이중 2012년에는 베트남으로부터 의류 수입이 크게 증가해 단일 품목 가운데 처음으로 베트남으로부터 10억 달러 이상을 수입했으며(MTI 3단위 기준), 2014년 20억 달러를 넘어섰다.

2017년 11월 기준 베트남으로부터의 5대 수입 품목은 무선통신기기와 의류, 신변잡화, 컴퓨터, 목재류이며, 총수입액의 약 50% 이상

한국의 대 베트남 품목별 수입현황

(단위 : 백만 달러, 전년 동기 대비 %)

품목명	2014	2015	2016	2017년 11월
무선통신기기	292	1,471	3,145	3,695
의류	2,160	2,220	2,449	2,688
신변잡화	506	526	642	715
컴퓨터	174	400	552	510
평판디스플레이 및 센서	203	132	56	509
목재류	350	348	428	461
기구부품	104	205	268	430
영상기기	83	150	340	371
반도체	127	111	123	341
산업용 전기기기	151	223	287	289
기타	3,840	4,017	4,205	4,810
합계	7,990(11.4)	9,803(22.7)	12,495(27.4)	14,819(29.2)

자료원 : 한국무역협회(MTI 3단위 기준) / 주 : 2017년 순위 기준

의 비중을 차지하고 있다.

이외에도 베트남의 다양한 농·수산물이 한국으로 수입되고 있으며, 한·베 FTA 체결을 통해 보다 많은 베트남 제품이 수입될 것으로 전망된다.

06

투자 환경

긍정적인 투자환경

① 정치·사회적 안정성

베트남은 중국, 인도 및 아세안 국가 중 정치·사회적으로 가장 안정되어 있는 것으로 평가된다. 특히 베트남은 공산당 1당 체제일 뿐만 아니라 유교문화권 국가로 종교적인 갈등이 거의 없다.

② 저렴하고 우수한 노동력

베트남은 세계에서 13번째로 많은 인구(약 9,500만 명)와 높은 젊은 인구 비중(30세 이하 인구 50% 이상) 등 미래발전형 인구 구조를 가졌으며, 문맹률이 3% 미만이다. 여타 노동자 대비 근면성과 손재주가 뛰어난 것으로 평가되며 생산직 초임이 인근 국가에 비해 저렴한 것도 장점이다.

③ 차이나 리스크(China Risk) 회피를 위한 대체 생산거점

세계의 공장인 중국의 국가·경제적인 위험 발생 시 안정적인 상품

공급을 받기 위한 리스크 관리 차원에서 베트남은 각광을 받고 있다. 일본 기업들은 China+1의 전략 하에 캐논 등 전자·부품회사들이 진출하였으며, 우리 기업들은 중국에서의 비용 상승과 외국인투자유치 정책이 비우호적으로 운영됨에 따라 대체지로서 베트남을 우선 검토하고 있다.

④ 높은 경제성장과 소득증가에 따른 시장 유망성

2008년 1인당 GDP 1,000달러 수준에 진입한 이후 2014년 2,000달러를 넘었으며, 구매력이 빠른 속도로 늘어나고 있다. 오는 2020년경에는 인구 1억 명 이상의 거대한 내수시장을 형성할 것으로 전망된다.

⑤ 투자 환경 개선에 대한 의지

WTO 가입 이후 서비스 개방 일정에 따라 유통과 무역, 서비스업에 대한 외국인 투자 허가 취득이 가능하게 되었으며, 투자 통합법으로 내외국인 차별을 없애고 최근 개정안을 통해 투자 수속이 간소화되었다.

⑥ 적극적인 무역 및 경제 협정 참여에 따른 성장 잠재력

베트남은 아세안상품무역협정(ATGIA) 중·아세안(ACFTA), 한국·아세안(AKFTA), 일본·아세안(AJCEP), 일본·베트남(VJEPA), 베트남·호주·뉴질랜드(AAANFTA), 인도·아세안(AIFTA), 칠레·베트남(VCFTA), 한국·베트남(VKFTA), EU·베트남(VEFTA) 등을 양자·다자간 체결함으로써 글로벌 경제 편입 속도를 가속화하고 있다. 또한 2015년 12월 아세안경제공동체(AEC)가 출범함으로써 시장 개방이 더욱 확대되어 이로 인한 다양한 사업 기회들이 생겨날 것으로 기대

된다.

부정적인 투자환경

① 인프라 부족

도로와 항만, 전력 등 사회 기반시설 공급이 외국인 투자수요에 비하여 절대적으로 부족하며 서비스의 질도 낮은 수준이다. 인프라 구축비용의 대부분을 세계은행이나 아시아개발은행 및 공적 개발 원조로 충당되고 있어 진행 지연 등 인프라 구축에 대한 예측이 어렵다.

② 고급인력 부족

하노이 및 호찌민 인근을 제외하고는 외국어 구사가 가능한 중간관리 인력 확보가 매우 어려운 상황이다. 또한 채용직원 자체 양성 기숙사 제공 등 인력관리에 추가비용이 소요된다. 베트남의 산업은 여전히 노동집약적인 산업의 비중이 높아 숙련되고 고등교육을 이수한 양질의 노동력 확보가 어려우며, 특히 최근 첨단기술 및 전문 산업 분야에 대한 투자가 증가함에 따라 전문 인력 수요 대비 공급 부족이 예상된다.

③ 복잡한 행정절차와 행정체제 미흡 및 커미션 문화

국제투명성기구 통계에 따르면 베트남은 175개국 중 119위로 부정부패가 여전히 성행하고 있다. 대부분의 거래관계에서 커미션이 일반화되어 있으며, 복잡한 행정절차에 수반하는 언더테이블머니 (Under Table Money) 관행도 부정적인 요소이다. 최근 베트남 정부는 공직자를 대상으로 청렴도 투표를 진행하는 등 부정부패를 타파

하려 노력 중이나, 효과는 아직 미흡한 수준이다. 세부 제도 및 규정이 미흡하여 공무원 해석에 의존하여 지역별 법규 적용이 차이를 보이는 등 비즈니스 마인드가 부족하다.

④ 투자 및 경영비용 증가

최근 몇 년간 공장건설에 필요한 토지 임차료와 종업원들에 대한 인건비 그리고 기타 물가가 큰 폭으로 상승 중이다. 베트남 정부에서 물가 억제를 정책의 우선순위에 두고 있으나, 경제성장 및 외국인 투자의 증가로 투자 및 경영비용 상승세는 계속될 전망이다.

⑤ 부품 및 원부자재 수급 애로

지금까지의 외국인 투자가 대부분 임가공 형태를 띠었기 때문에 연관 기반산업이 매우 취약하다. 원부자재 수입관세가 매우 낮거나 면제된다 하더라도 원자재 적시 공급 및 물류비 발생 등의 문제가 발생한다. 국내 소재 원부자재 산업 육성을 위해 베트남 정부는 지원 정책을 수립 중에 있으나, 세부 법규가 미흡하여 아직 제한적이다.

⑥ 아직은 낮은 소비와 소비 계층의 분화 미비

베트남은 저소득으로 인한 낮은 구매력과 내수시장 미발달로 현지 시장 진출 투자는 세밀한 투자 계획 및 일정이 필요하다. 베트남 소비자들의 주된 구매 결정 요인은 '가격'임을 명심해야 한다. 소비 계층도 최상류층과 일반 계층의 2단계 구조로 한국 상품의 주 고객인 중상류층 소비자의 형성이 미흡하기 때문이다. 최근 5년간 연평균 6%대의 안정된 경제 성장과 국민 소득 증대로 '가성비(가격 대비 품질)'를 고려하는 소비 행태가 나타나고 있으며, 중산층도 꾸준히 증가하고 있는 점은 우리 기업들에게 긍정적인 요소로 작용할 것으로 기대된다.

07

투자 입지 여건

입지 선정 요소별 고려요소

① 물류 여건

항만과 도로 사정이 열악하며 베트남 국내 물류시스템의 미비로 부품원자재 또는 상품의 하역 운송 등의 물류 여건이 매우 좋지 않다. 내륙에 위치한 지역의 지방정부 관계자들은 운송에 문제가 없는 것으로 주장하나, 실제 방문을 해보면 물류문제가 심각한 경우가 자주 나타난다. 기술 및 자본 집약적인 기업은 원·부자재 조달이 쉬운 하노이·중국 국경 간선도로 주변 공단에 위치하고 있다.

② 인프라 정비

대부분의 산업공단(IZ, IP)은 어느 정도의 인프라가 정비되어 있다. 일반 시가지나 농촌지역의 경우 토지 임차료는 저렴하지만 인프라 건설에 예상치 못한 경비가 발생한다.

③ 노동인력 수급

산업발전과 외국인 투자 증가에 따라 노동력 인력수급이 커다란 문제로 대두되기 시작했다. 특히 주변 공장 완공 시 노동력 확보문제는 더욱 심각해질 수 있으며, 이는 인건비 상승문제로 발전하게 된다.

④ 현지 자재와 부품조달의 용이성

현지 원자재 공급지가 원거리에 위치해 있는 경우 운송비용이 과다하여 채산성 확보가 어렵다. 입지 선택 시 진출 업종에 소요되는 부품과 자재를 인근지역에서 용이하게 공급받을 수 있는지 여부의 확인이 요구된다.

⑤ 기타 고려요소

외국인 투자유치에 대한 지방정부의 적극성 및 배후시장 여건과 최근 대도심 인근 지역 지방성에서 환경오염 유발 산업에 대한 투자가 제한되고 있어 사전 확인이 필요하다.

투자지역 선정

① 남부지역 VS 북부지역

투자지역으로서의 남부와 북부 비교

구분	장점	단점
남부 (호찌민 중심)	– 소비 문화 발달 – 높은 1인당 GDP(약 5,500달러) – 자본주의적 비즈니스 관행 – 연관산업의 발달 – 특히 섬유, 신발 등	– 인건비 상승추세(호찌민 인근) – 노사분규의 빈번한 발생 – 높은 토지임차료(호찌민, 동나이 등) – 인력 확보 애로(호찌민 인근)
북부 (하노이 중심)	– 저렴한 토지임차료 – 노사분규 발생률 미미 – 근로자세 양호(인내심 조직 적응력) – 중앙정부 접촉 용이	– 인프라 정비 미흡 – 내수시장의 규모 제한 – 인력 수급 문제 – 연관 산업 미발달

베트남 내수시장 진출을 목표로 한다면 1인당 GDP가 높고 소비문화가 발달한 남부지역(특히 호찌민)이 유리하다. 반면, 북부지역은 상대적으로 토지 임차료와 인건비가 저렴하다는 장점이 있다.

② 공단지역 VS 일반지역

공단지역은 일반지역에 비해 인프라가 잘 정비되어 있고 공단관리위원회가 인허가 수속을 대행한다. 이 지역은 임차료가 비싸고 관리비를 부담해야 한다. 일반지역은 공단에 비해 인프라나 사업 여건이 다소 낙후되어 있으나, 저렴한 가격에 토지를 임차할 수 있다. 다만, 토지 임차료와는 별도로 임차 면적에 따라 일정액의 토지보상비를 지방정부에 지불해야 한다. 개인소지 토지의 경우 토지용도 증빙서류 확인 등 행정부분에서 주의를 요한다. 외국인 투자기업의 경우 정책적으로 공단 외 지역 투자 허가가 불가능한 경우가 많다. 따라서 공단 외 지역에 투자하는 경우 반드시 인민위원회에 허가 가능 여부

공단과 일반지역 입주 시의 비교

구분	승인기관	장점	단점
공단	지방정부 공단관리위원회	– 인프라 기반 – 인허가 수속 대행 – 물류 여건 양호 – 토지보상비 부담 없음. – 세관 입주 공단은 수출입 통관 편의	– 높은 토지임차료 관리비 부담
일반지역	지방 인민위원회 기획투자부	– 저렴한 토지임차료 – 인력 확보 용이 – 인건비가 상대적으로 저렴	– 인프라 정비 미흡 – 인허가 수속 직접수행 – 물류 여건 낙후 – **토지보상비 부담** – 부대비용 발생 가능

를 확인한 후 투자를 진행해야 한다.

③ 경제특구

경제특구는 수상이 지정하며, 국가균형발전의 일환으로 남부 1개, 북부 5개를 제외한 12개 경제특구가 낙후된 중부에 집중되어 있다(2016년 등록 기준). 법인세 10%를 15년 동안 적용하고 원·부자재에 대하여 5년간 수입관세 면제 및 개인소득세 50% 감면 등이 있다. 최근 지역에 따라 적용되는 우대혜택이 차이를 보이고 있어 사전문의가 필요하다.

④ 입주 지역에 따른 법인세 우대사항

2016년 1월 1일부터 일반 법인세는 20%로 낙후된 지역과 특별 낙후 지역, 하이테크파크 입주 시에 법인세 우대혜택을 받을 수 있다. 낙후된 지역의 경우 투자 승인 후 10년간 17%가 적용되며, 과세이익 발생 후 2년간 법인세 면제, 추가 4년간 50% 감면 혜택을 받는다.

08

기타 유용한 정보

시장 특성

① 상당한 시장규모와 높은 성장잠재력 보유

인구 9천만 명 이상에 달하는 시장규모와 연평균 6~7% 이상의 고속성장으로 시장규모의 지속적인 확대 추세에 있다. 오는 2020년 후반에 인구 1억 명의 인도차이나반도 중심국으로서의 역할이 기대된다.

② 민영화 진전 불구 국영기업 파워 여전

베트남 국영기업은 베트남 산업에서 50~60%의 시장점유율을 차지하고 있다. 특히 전력과 통신, 석유, 가스, 방송 등의 분야에서는 거의 100%에 달하는 독점적인 구조를 형성 중이다. 한편, 2016년 말 베트남 총리는 베트남 국영기업 민영화 마스터플랜을 제시했으며, 2017년 2월 발효된 관련 법령 공표를 통해 공기업 민영화와 주식화의 속도에 박차를 가하고 있다.

③ 경제·구매력이 주요 대도시에 집중

도·농간 지역별 소득 격차가 심해 고가 브랜드 제품 수요는 대도시 지역을 중심으로 발생하고 있다. 경제 중심지인 호찌민시의 1인당 국민소득은 베트남 평균의 2~3배 수준이다.

④ Low/High가 뚜렷한 시장

1인당 국민소득(GDP) 2,200달러 정도에 불과하지만 두터운 고소득층이 존재하여 고가품 시장이 발달하였다. 하지만 대부분 소비자들은 품질보다 가격에 민감하다. 소비재의 경우 인근 중국산 밀수제품의 유입으로 인해 가격경쟁이 힘든 실정이나, 중국산 제품에 식상한 소비자는 점진적으로 한국산을 선호하는 추세에 있다.

⑤ 높은 브랜드 선호도 및 지식재산권 보호 미흡

일반적으로 대도시를 중심으로 현지 소비자들의 브랜드에 대한 집착이 대단히 강한 편이다. 한류와 LG(가전제품, 화장품, 생활용품 등), 삼성(휴대폰, 가전제품 등), 현대·기아(자동차) 등 주요 기업 투자 진출 및 월드컵 개최국으로서의 위상 등으로 인해 한국의 국가브랜드는 높다. 유명브랜드 제품의 복제품 또는 유사품이 많이 유통되고 있으나, 지적재산권 보호 등 정부 차원의 규제는 미흡한 실정이다.

⑥ 아세안(ASEAN) 상품무역협정관세 적용

아세안 10개국으로부터 수입제품은 상품무역협정(ATIGA)의 적용을 받게 되어 대부분 5% 이내의 낮은 관세가 부과된다. 이에 반해 한국산 제품(특히 소비재)은 AKFTA(한·아세안, 2007년 발효)와 VKFTA(한·베, 2015년 발효)에 의하여 일반특혜관세(MFN)에 비하여 낮은 관세를 적용받지만, ATIGA에 비해서는 여전히 높은 관세 적용 대상이다.

베트남 기후 특성

베트남은 남북으로 길게 늘어진 지형 특성상 남과 북의 기후 차이가 큰 편이며, 강우량은 전국적으로 연 평균 1,800mm 정도 기록하고 있다. 호찌민시를 비롯한 남부지역은 우기(5월~10월)와 건기(11월~4월)가 6개월씩 교차되며, 수도 하노이를 비롯한 북부지역은 미묘한 4계절의 변화가 있어 연말과 연초의 기후가 한국의 늦가을 날씨와 유사하다. 북부지역은 아열대로 연간 온도 차가 커서 최저 기온과 최고 기온 차가 약 20℃에 달하는 지역도 있으나, 남부지역은 열대 몬순기후로 연간 온도 차가 크지 않아 연간 최저 및 최고기온 차는 약 7℃이다.

호찌민시는 전반적으로 날씨가 더운데, 건기(11월~4월) 때와 우기(5월~10월) 때에 맞는 복장 준비가 필요하다.

· 건기(11월~4월) : 날씨가 매우 무더우므로 복장은 여름 복장에 모자나 양산을 준비하면 도움이 된다.
· 우기(5월~10월) : 거의 매일 비가 오므로 우산이나 비옷(게릴라성 폭우 대비)을 준비하면 도움이 된다.

시차 및 근무시간

베트남은 GMT+7 시간으로 한국보다 2시간이 늦다(한국이 12:00일 때 베트남은 10:00).

관공서와 은행은 주 5일 근무제(월~금)를 실시하고 있으나, 일반 기업체들은 보통 토요일에도 근무한다. 근무시간은 일반적으로 관공서의 경우 07:30~16:30이며, 일반 기업체는 08:00~15:00이다. 점심시간은 대부분 11:30~13:00 또는 12:00~13:30이며, 점심시간 동안 대부분의 현지인들은 오침을 한다.

상점과 식당 등 업소의 영업시간은 일반적으로 오전 08:00에서 22:00까지며, 야간 업소의 경우 24:00까지 영업을 한다.

현지 활동 참고사항

① 출입국

한국인은 베트남 출국 항공권 및 유효기간 6개월 이상 여권을 소지한 경우 15일간 무비자 입국이 가능하다. 무비자 입국 후에 현지에서 연장을 하려면 여행사 보증이 필요하며, 30일 내 무비자 재입국이 불가하다. 입국 시 휴대한 금액이 5,000달러를 상회할 경우 이를 세관 신고서에 기재해야만 출국 시 같은 금액 범위 내에서 외화의 반출이 가능하다.

● 참고 : 호찌민시 출입국관리사무소
· 주소 : 161 Nguyen Du St, D.1, Ho Chi Minh
· 전화 : (84-28)3829-9398
· 팩스 : (84-28)3824-4075

② 시내교통

호찌민시에는 지하철(공사 중, 2018년 개통 예정)이 없으며, 외국인이 이용 가능한 노선버스가 발달되어 있지 않다. 외국인이 용이한 이동 수단은 택시다. 요금은 미터제로서 기본요금은 1만 1천~1만 2천동으로 회사마다 다소 상이하다(공항에서 시내까지 약 18만 동 : 9달러 수준). 주요 택시회사로는 Mai Linh(녹색 바탕, 383838번호 표시) 택시와 VINASUN(하얀 바탕, 하부 녹색, 38272727번호 표시) 택시가 있다. 최근에는 Grab, Uber, Vinasun, Mai Linh 등 택시회사의 모바일 앱을 이용하여 택시를 부르는 것이 가능해졌다.

③ 환전 및 신용카드

화폐 단위는 Vietnam Dong(동, VND로 표기)이다. 화폐의 종류로는 천동, 이천동, 오천동, 만 동, 이만 동, 오만 동, 십만 동, 이십만 동, 오십만 동이 있으며, 모든 지폐에는 호찌민 초상이 있다. 시내 도처에 있는 환전소나 은행에서 달러를 베트남 동으로 손쉽게 바꿀 수 있으며, 최근 은행과 환전소의 환율이 다소 비슷해졌다. 호텔과 고급식당 이외에는 신용카드를 받지 않는 곳이 많다.

④ 위생 및 질병

석회질이 다량 포함된 현지 수돗물 대신 생수 사용을 권한다. 식당에서 음료나 맥주를 시키면 얼음을 넣어 주는데 고급식당이 아닌 경우 얼음을 넣지 말라고 하는 것이 바람직하다. 고열을 동반하는 열성 급성질환인 뎅기열에 걸릴 수도 있으므로 모기에 물리지 않도록 유의해야 한다.

⑤ 치안상태

베트남의 치안상태는 양호한 편이나 보행 중 오토바이 날치기 사건이 매우 빈번하게 발생한다. 야간에는 단독 행동을 삼가고 골목길을 가지 않는 것이 바람직하다. 매춘, 마약, 도박 등의 불법행위에 대한 단속이 강화되고 있으므로 이러한 행위는 절대 금물이다.

⑥ 팁 관행

베트남에는 팁 관행이 일반화되어 있지 않으며, 택시 이용 시 별도의 팁을 줄 필요는 없다. 벨보이나 호텔메이드에게 2만 동(1달러 정도)을 주는 것이 관행이다.

기타 주의 사항

① 선교활동 금지

베트남에서 모든 외국인은 종교의 자유를 가지나, 베트남의 풍속 및 관습에 심하게 위반되는 종교집회 또는 노상의 종교활동은 베트남 정부로부터 엄격하게 통제를 받는다. 특히 외국인의 베트남인을 대상으로 하는 선교 또는 포교행위는 절대 금하고 있으며, 발각 시 추방 등 강경제재 조치를 받게 된다.

② 관공서 관행

베트남 관공서의 업무처리는 아직까지 외국인들에게 환영받지 못한다. 다수의 현지 외국인의 경우 투자 및 무역과 관련된 서류 등을 처리하게 되는데 잦은 서류 보완 요청, 고자세 및 불친절 등으로 애를 먹는 경우가 많다.

※ 지금까지 '제2장 베트남의 유용한 정보 공부하기'는 대한무역투자진흥공사(Korea Trade Investment Promotion Agency) 자료를 참고, 인용하였음.

제3장

장사프로가 되는 실전 외식 창업
: 마인드편

3

'혁명적인 인생역전을 꿈꾸는가?'

로또 광고 문구가 아니다. 부동산이나 주식으로 한방 거머쥐자고 하는 얘기도 아니다. 이것은 창업 이야기다. 그것도 전투장 같은 외식사업에서 창업으로 대박을 터트리는 얘기다.

어떻게?

우선 외식사업 창업을 위한 실전 노하우를 미리미리 숙지하고 공부해야 한다. 집중적으로 공부하지 않고 식당을 창업하면 지난 후 땅을 치고 후회하게 될 것이다. 지금부터는 여러분이 후회하지 않도록 도와줄 핵심 '꿀팁'이 들어있는 속 깊은 내용들을 알려주겠다. 이것은 필자의 수많은 경험과 내공을 바탕으로 꾸며진 내용으로 누구도 이렇게 속 깊게 알려줄 사람은 없을 것이다.

실전 창업에서 중요한 것, 첫째는 돈도 아니고 바로 창업하려는 사람의 마음가짐, 즉 마인드다. 외식사업에 발을 내딛는 사람이라면 반드시 알아두어야 할 마인드의 기본을 알아보자.

01

먹고 마시는 장사를
선택하셨습니까?

학원에서 요리 자격증을 따고 잠시 배운다고 창업이 가능할까? 말도 안 되는 소리다. 그 정도는 '외식사업의 신생아' 수준이라고 봐야 한다. 식당 창업에서 요리 기술은 장사에 도움은 될 수 있어도 직접 경영을 해보면 그것은 일부분일 뿐 그밖에 혼자 감당할 일이 너무 많다.

프랜차이즈 가맹점만 낸다고 끝날까? 그것은 정글 같은 외식 세계에서 무엇 하나 직접 배우지 못하는, 한마디로 경험 없는 창업에 불과하다. 잡아주는 고기만 받아먹었지 잡는 방법은 전혀 알지 못하는데 차후에 벌어질 재앙을 어찌 감당할 것인가. 1년에 프랜차이즈 가맹점 약 3만 개 점이 쓰러져 문을 닫는다. 인터넷을 보고 체인점 설명회에 갔다가 대박 날 아이템이다 싶어 대책 없이 계약하고, 공부는 하지 않고 시키는 대로 시작한 창업은 한마디로 쪽박 또는 가정파괴의 지름길이다.

요리도 맛있게 잘하고 친절과 서비스, 인테리어까지 수준급. 이 정도면 외식사업을 잘할 수 있으리라 생각하지만 외식사업은 변수가 많은 사업이며, 손님은 철새와 같다. 맛과 인테리어와 본인의 아이템만 믿고 창업한다는 것은 100에 20%도 준비 안 된, 그야말로 섶을 지고 불 속으로 뛰어드는 격이다.

실전 경험 없이 교육만 하는 컨설팅, 창업 아카데미, 프랜차이즈 등에서 전문가를 만나 배운다고 성공 창업이 가능할까? 창업 입문은 하루아침에 이뤄지는 것이 아니요, 긴 세월 온몸으로 부딪쳐야 하는 일이다. 실전 없이 이론만 배운다면 처음 배운 것 하나만 알지 한 걸음도 혼자서는 나갈 수 없다.

이처럼 준비가 덜 된 창업은 무섭고 끔찍한 일이다. 그래도 식당 사업을 해야 한다면 다음을 명심하기 바란다.

첫째, 본인만의 독특한 '색'과 '끼'가 있어야 한다. 누구도 따라오지 못할 비즈니스 모델을 가졌는지 스스로 질문해봐야 한다. 둘째, 입지 선정과 업종이 맞아떨어져야 한다. 아이템도 중요하지만 절대 우선순위는 주차문제를 어떻게 해결할 것인가이다. 셋째, 본인에게 물어라. 나는 무엇으로 손님을 감동시킬 것인가?

식당 사업은 장기 레이스다. 전략도 중요하지만 건강관리도 중요하다. 또한 꿈이 현실이 되게 하려면 남들과는 다른 필살기도 품고 있어야 한다. 더 많은 노력을 기울여야 하고 끝없이 공부해야 한다. 본인의 아이템 분야의 허와 실을 철저히 파헤쳐 매의 눈으로 모든 것을 확인한 후 출발해야 한다.

02

외식사업도 때 & 전략이다

　앞으로도 더 경기가 안 좋은 저성장시대가 계속 될 것이다. 자영업 자체가 무너지는 현실 속에서 어떻게 살아남고 꿈이 현실이 되는 기적을 만들어낼 수 있을 것인가.

　자영업자 560만 명, 은행 빚만 500조 원에 육박한다. 장사는 하고 있지만 수익이 없어 은행 돈 빌려 먹고 사는 사람들이 생계형 창업에 몰려든 결과다. 이 와중에도 저성장을 즐기며 성공하는 사람들도 있다. 답은 본인만의 독특한 아이템과 끈질긴 도전과 집념에 있다. 안되는 이유보다는 될 수 있는 이유를 찾아 가슴 뛰는 일을 하면 어떤 분야든 성공할 수 있다.

　장사만 하면 먹고는 살겠지, 그렇게 돈을 벌 수 있다는 막연한 기대, 깊이 없이 급하게 시작하는 창업, 할 일도 없고 놀기 뭐해서 시작하는 사업, 퇴직하여 돈도 있고 시간도 많아 괜찮아 보인다고 무턱대고 뛰어드는 프랜차이즈 가맹점 사업, 자식 말만 듣고 자녀들에게 사업

자금 지원해주어 시작하는 사업. 이런 사업은 어느 날 정신 차려보면 쪽박이 될 가능성이 크다.

신나는 사업을 하려면 하나하나 공부하면서 출발해야 한다. 무엇보다 정말 내가 이 사업을 해야 하나 깊이 있는 고민이 필요하다. 장사를 하려면 돈도 투자해야 하지만 본인의 적성을 생각한 다음 결정해야 한다. 요리 솜씨도 있고 재미도 있어 한다면 한정식집이 좋다. 젊고 체력이 좋은 분이라면 고깃집 장사도 해볼 만하다.

자신의 성향에 따라 할 수 있는 장사의 종류는 여러 가지로 나눠진다. '아침형 인간'은 새벽부터 낮에 하는 장사를 하는 것이 유리하고, 아침 일찍 못 일어나고 오후부터 야간에 활동성이 좋은 분은 고깃집이나 술집 장사를 하는 게 맞다. 직접 사업을 해보면 자신의 적성과 성향이 업종 선택에서 얼마나 중요한 것인지 느끼게 된다.

나이가 젊은 친구라면 젊은 사람들이 많이 다니는 곳에 입지가 안 좋더라도 싸고 작은 가게 하나 얻어 열정으로 승부해야 한다. 나이 많은 분이 이런 전투장에서 장사를 하면 뭔가 보기에 좋지 않다. 어느 정도 나이가 있다면 한적한 곳에서 여유롭게 장사하기를 권한다. 경쟁하기보다는 적게 벌더라도 양심적으로 건강을 생각하는 그런 장사를 하는 것이 정답이다. 여성분도 연령에 따라 분야를 선택하는 것이 사업을 순탄하게 하는 길이다.

자택과 거리가 먼 곳에서 창업을 해야 한다면 나를 대신할 누군가를 꼭 1명 확보해야 순조롭게 흘러간다. 가족의 협조와 소통도 중요하다. 사업을 하다 보면 돈은 벌 수 있으나 자칫 가족과 멀어질 수 있다. 또 장기적인 사업을 위해서는 자신의 건강을 챙겨야 하는데, 그래서 식사 문제가 중요하다. 식당 밥을 계속 먹을 수는 없으니 건강을 위해 자신만의 식단도 짜야 한다.

사소한 것 같지만 이런 것 하나하나가 모여 자신만의 특별한 전략이 된다. 외식 창업의 현장을 전투장이라고 할 때 전략은 그야말로 생존을 위한 필수 조건이다.

03

성공에 대한 간절함이 있는가?

* 이 부분은 금쪽같은 내용이니 5번 읽고 암기하기 바란다.

장사는 개인의 전쟁이다. 요즘의 성공 창업은 가뭄에 콩 나듯 어쩌다 한 곳 정도하는 것이 보통이다. 그래도 성공하는 길은 있다.

예를 하나 들어보자. 손님이 막국수를 시켰다. 맛은 좋지만 소화가 잘 되는 막국수는 먹고 나면 뭔가 아쉽고 2% 부족한 느낌이 들 수 있다. 이때 1번 사업주는 아무것도 모르고 손님이 잘 먹고 가나보다 할 것이고, 2번 사업주는 손님이 다 먹어갈 무렵 사리 하나 정도 더 드시라고 서비스할 것이고, 눈치 빠른 3번 사업주는 소비자의 심리를 읽고 추가 사리에 삶은 계란이나 작은 불고기 김밥 2줄 정도를 서비스할 것이다. 아주 깊은 본질은 따로 있지만 표면적으로 볼 때 이러한 차이가 줄서는 식당이 되느냐, 그냥 별 볼일 없이 망하는 식당이 되느냐의 차이를 나타낸다.

자세히 관찰해보면, 1번 가게는 장사만 할 뿐 무계획이고, 공부도 안 한다. 2번 가게는 번듯하지만 특별한 뭔가가 없고, 프랜차이즈 본사에서 시키는 대로 영업하는 곳이다. 3번 가게는 3박자를 고루 갖춘 집으로, 경영주의 전략가적인 정신 무장, 손님의 마음을 파고드는 확실한 메뉴, 차별화된 서비스와 디저트까지, 어떤 손님이라도 대접받는 기분으로 다시 찾아오게 된다. 간절한 열정을 가진 예비 창업자라면 앞으로 3번 가게의 경우를 집중 공부하고 연구해야 한다.

대한민국 자영업은 누구나 마음만 먹으면 사업자등록증 1장으로 시작할 수 있다. 식당 사업은 하루 몇 시간의 형식적인 교육을 이수하고 수료증 1장만 받으면 할 수 있다. 제도적으로 누구나 쉽게 시작할 수 있도록 되어 있다. 물론 망하든 흥하든 개인의 자유겠지만 현재 대한민국의 실정으로는 '창업자의 무덤'이라는 말이 나오는 것이 당연할 지경이다.

웬만한 곳에 취직 좀 하려해도 충실히 공부해야 하고, 기술도 한동안 배워 자격증을 따야 일을 할 수 있고, 운전 또한 이론 공부를 하고 합격한 후 다시 실기와 주행을 모두 통과해도 운전면허증 달랑 1장 받는다. 그런데 그 사람의 전 재산을 투자하기도 하고 온 가족이 동원되어 밤늦게까지 노력해도 망할 확률이 80% 이상이며, 한 가정이 엄청난 고통과 절망에 빠지기도 하는 위험이 도사리고 있는 자영업과 외식사업은 달랑 하루 몇 시간 때우기 교육으로 시작한다. 이것은 상식적으로 납득이 가지 않는다. 위험천만한 음주운전을 방치하는 것과 다를 바가 없다.

필자가 외식 창업에 뛰어들 때는 주식으로 많은 돈을 잃어버리고 여러 가지 소자본 창업도 실패한 후였다. 그래서 그때 간절한 심정으로 3개월간 저녁마다 남의 식당에서 무임금으로 알바생처럼 일하면서 현장 체험 교육을 했다. 그로 인해 창업과 식당 운영이 순조롭게 연결되었다. 철저한 준비와 경험이 필요하다는 말이다.

아직도 우리 주변에 '할 것 없으니 식당이나 한 번 해볼까?' 혹은 '자식이 놀고 있으니 식당이나 하나 차려줄까?' 이런 생각을 하는 사람들이 있다는 게 너무 한심스럽다. 얼마나 무서운 곳인지 모르고 너무 쉽게 뛰어든다. 앞에서도 언급한 것처럼 식당 창업은 전투장과 같다. 중무장하고 고도로 훈련된 전략가도 쉽게 실패하는 곳이 바로 외식사업의 세계다. 그러니 부디 정말 고민하고 또 고민한 후에 비장한 각오로 필드에 뛰어들기 바란다. 절대 실패하지 않을 나를 담금질하여 사방천지 널려있는 돈을 쓸어 담을 준비가 되었을 때 창업이라는 소용돌이 판에서 한바탕 춤판을 벌려보자는 얘기다.

04

즐기는 창업가가 되어라

신나는 외식사업 경영이란 뭘까? 줄서는 가게를 만들어 놓고 점장이 나를 대신해 모든 것을 움직여주고, 나는 여유롭게 라운딩이나 즐기며 저녁 때 잠시 가게에 들러 그날의 매출 사항을 보고받고 행복한 기분으로 바로 퇴근하는 것. 다들 장사가 힘들다고 할 때 나의 가게는 늘 호황을 누리고, 문만 열면 매일 매일 즐거운 비명을 지른다. 2호점, 3호점은 어디에 낼까 행복한 고민을 하고 여기저기서 체인점 좀 내달라고 아우성이다. 불황일 때 구조적으로 더욱 대박이 날 수밖에 없는 그런 가게. 상상해보라. 생각만으로도 기분 좋아지지 않는가? 상상 속에서나 가능한 일이라고? 천만의 말씀. 이런 신나는 외식 경영은 누구에게나 가능한 일이다. 창업가 정신만 있다면 말이다.

TV에서 현대자동차 정몽구 회장이 백발의 머리칼을 하고서 차량

밑에 들어가 이모저모를 살피는 것을 보면서 생각했다. 저 분이 돈 더 벌려고 저렇게 할까? 아니다. 바로 저런 것이 창업가 정신이다! 창업가 정신은 대기업 회장에게만 필요한 것이 아니다. 크든 작든 모든 사업을 하는 사람에게 필요한 기본 마인드가 창업가 정신이다. 이런 불굴의 정신무장을 갖춘 사람이라면 10년만 간절한 마음으로 충분히 뛴다면 단언컨대 100% 성공한다고 장담할 수 있다.

　이런 얘기를 하면 "할 게 없는데 뭘 해?"라고 하는 사람들이 있다. 할 게 왜 없나. 가까운 일본, 중국, 대만의 먹거리들만 자세히 들여다 봐도 할 게 널렸다. 여유가 있는 분이라면 규모가 있는 사업 아이템을 도입하고, 소자본 창업을 생각하는 분이라면 디저트나 간식거리 등의 아이템을 찾아 우리 실정에 맞게 바꾸면 손님들의 호기심을 자극해 장사가 잘 된다. 이런 간식 아이템은 아주 작은 가게를 임대해 시작할 수 있다. 아예 점포를 임대하지 않고 하는 방법도 있다. 요즘 휴대폰 가게들은 전반적으로 입지가 좋은 점포를 차지하고 있지만 장사들은 잘 안 된다. 그런 가게 앞 공유 면적을 살짝 빌려서 창업을 할 수도 있다. 남의 가게에 빌붙는 것 같아도 이게 잘만하면 서로 윈윈하는 좋은 일이다. 큰 돈 안 들이고 좋은 위치의 장소에서 장사할 수 있는 길이 열리는 것이다.

그도 아니면 전국에서 열리는 축제나 행사 현장을 찾아다니며 노점 식으로 장사를 할 수도 있다. 이것도 나름 신나는 일이다. 물론 번듯한 가게를 차려놓고 하는 장사에 비하면 초라하고 힘도 들 것이다. 하지만 원래 창업이라는 것이 어렵고 힘든 일이다. 그럼에도 불구하고 도전해 볼만한 가치가 있다. 도전하는 창업가 정신으로 신나는 외식 경영의 세계로 당차게 뛰어들어보자.

05

목표를 확실히 가져라

뭘 하든 우리 삶에서 목표는 정말 중요하다. 확실한 목표를 정해놓고 전력투구 하는 사람과 그러지 못한 사람과의 차이는 성공을 할 수 있느냐 없느냐로 나타난다. 시련도 이겨낼 목표를 정했으면 자신을 의심하지 말고 정해진 곳까지 그대로 가는 것이다.

얼마 전 울진, 삼척 산행길에 칼바람과 눈, 비가 몰아치는 최악의 악천후를 만났다. 그 속에서도 정상에서 반드시 인증샷을 찍고 와야 한다는 생각으로 정신무장하고, 모든 걸 참고 끝까지 완주했다. 이렇게 독한 목표가 없다면 대부분 중간에서 포기하고 내려갈 것이다.

오래 전 필자는 성수동에서 당구장을 인수하여 큰 실패를 한 경험이 있다. 당구장을 인수하기 전에는 겨울에 시간이 많아 틈만 나면 당구를 즐겼다. 손님으로 있을 때는 장사가 쉬워 보이고 놀면서 돈도

많이 벌 것 같아서 구체적인 고민 없이 무턱대고 그동안 번 돈을 몽땅 쏟아 부어 인수했다. 그런데 막상 영업을 해보니 내 체질과는 정반대의 분야로, 도저히 오래 할 수 없는 사업이었다. 낮에만 장사하던 사람이 밤 장사로 바뀌니까 건강과 가정생활까지 문제가 발생했다. 이렇듯 간절한 목표 없이 겉만 보고 달려드는 것은 오래 가지도 못할뿐더러 상처만 남기게 된다.

필자의 지인 한 분이 IMF 때 한 푼도 없는 빈털터리가 되었다가 나의 조언과 주변의 도움으로 외식사업을 하여 15년 만에 수십억 재산을 모았다. 아픔과 고난이 큰 만큼 절실한 심정으로 뚜렷한 목표를 세웠기에 가능한 일이었다. 그런데 그 후 사업이 어느 정도 궤도에 오르자 목표의식은 온데간데없고 욕심만 가득하여 본인이 잘 모르는 부동산에 많은 돈을 투자했다. 은행 돈까지 빌려 매입한 것이 회전이 안 되면서 한 곳이 경매에 붙여지고, 나머지도 연쇄적으로 경매에 걸려 그동안 번 모든 재산을 또 다시 몽땅 날려버리고 물거품이 되었다. 지금은 작은 원룸을 하나 얻어 힘겹게 살고 있는 것을 보면서 우리 인생에서 목표라는 것이 얼마나 큰 축복인지 새삼 느끼게 된다.

준비 없이 자영업에 뛰어들면 망해먹기 십상이라는데 수많은 고민 끝에 창업을 했다면 당연히 목표는 성공이어야 한다. 목표를 세웠으면 책임감을 갖기 위해서라도 말이 씨가 되게 지속적으로 주변에 이야기해야 한다. 그래야 그쪽만 바라보게 되고 목표를 향해 매진하게 된다.

'그래, 나는 무조건 성공한다.'

'나는 성공할 수 있어!'

'세상이 아무리 어렵다 해도 나는 해낼 수 있어.'

본인 스스로 이러한 신념과 자신감을 가지고 두려움을 걷어내야 한다.

성공을 목표로 삼았다면 우선 자신이 준비하고 있는 아이템의 업종

중에서 장사가 아주 잘 되고 있는 가게와 장사가 안 되는 가게 2곳을 선정하여 철저하게 파헤쳐봐야 한다. 왜 안 되고 무엇 때문에 잘 되는지 2달 정도만 조목조목 파고들어 보면 답이 보인다. 성공을 꿈꾸는 창업주라면 이런 수고는 당연하게 생각해야 한다. 이렇게 지독한 마음과 집념을 가져야 성공이 보인다.

06

경영주는 관찰자다

그렇게 창업을 했다고 끝나는 것이 아니다. 그 다음엔 목표를 향해 착실히 전진해야 한다. 그러기 위해서 몇 가지 반드시 실천해야 할 것들이 있다. 직원들보다 한 발 먼저 가게의 모든 일을 파악하고 있어야 하고, 리더로서 솔선수범과 용기 있는 결단력을 보여야 직원들이 따라온다. 또한 경영주는 항시 직원들에게 무슨 서비스로 감동을 줄까도 생각해야 한다. 요즘에는 직원 채용에도 상당히 신경을 써야 한다. 함량 미달의 직원이 올 수 있는데 잘못 채용했다가는 큰 낭패를 당할 수 있다.

경영주는 매일매일 음식을 관찰해야 한다. 남은 음식물을 재사용하지는 않는지, 어떻게 보관하고 있는지, 다시 나올 때는 끓여 나오는지 등을 한 번만 보고도 척 알아내어 잘못되었다면 즉시 시정해야 한다. 손님이 없는 시간대에 주방 일과 홀 일을 연계하여 틈나는 대로 미리미리 준비하도록 여건을 만들어놔야 한다. 직원들 모두 퇴근한 후나 가게가 쉬는 날 가끔 한 번씩 주방 냉장고를 점검하고 상하수도 관, 주방 바닥, 가스까지 가게 전체를 점검해둬야 한다. 그래야 가게의 문제점도 알고 위생 점검도 안심할 수 있다.

재료 구입처도 다양하게 찾아봐야 한다. 한 곳에만 의존하지 말고 여러 곳과 거래해본 다음 양심껏 하는 곳과 거래하되 수개월에 한 번씩 거래 중단이라는 강수를 두어야 거래처에서도 장난을 안 치게 된다. 재료 구입은 까다롭게 해야 속지 않고 차질 없이 제때 입고된다.

이처럼 성공적인 창업주가 되기 위해서는 생각할 것도 많고 해야 할 것도 많다. 처음 목표한 대로 초심을 잃지 말고 끈기 있게 하다 보면 수익으로 보상받게 되는 날이 반드시 올 것이다.

07

돈이 부족해도
장사를 시작할 수 있다

지금 돈이 없지만 장사를 하고 싶은가? 물론 가정 형편에 맞춰서 해야 하고 절대 무리해서는 안 되지만 소자본으로 할 수 있는 장사도 얼마든지 있다. 장사를 하고 싶은 분들 중에는 아이템이 있는 분도 있을 것이고, 아이템은 없지만 일손이 여럿 있고 무엇이든 잘할 수 있다는 자신감 충만한 분도 있을 것이다. 필자의 생각으로는 소자본 창업이 이 시대에는 훨씬 유리하다. 그러니 당장 돈이 부족하다고 걱정할 일이 아니라는 말이다.

소자본 창업은 대부분 가족끼리 장사를 시작하니까 지출이 적고 오래 버틸 수 있다. 의사결정도 하기 쉽기 때문에 부지런하고 끝없이 공부한다면 큰 사업의 기초를 튼튼히 쌓을 수 있을 것이다. 그런 의미에서 적극 추천하고 싶다. 경험도 없이 많은 돈을 투자하여 잘못될 경우에는 엄청난 데미지가 생기지만 돈 없이 시작하는 창업은 실패해도 경험은 쌓이기 때문에 결코 헛된 것이 아니다. 한 번 해보자는 의지가 확실하고 여기에 일손이 되어줄 가족이 있다면 충분히 성공할 수 있다고 본다.

한 예를 보자. 고양시 원당 뒤쪽에서 보리밥집 하는 분과 경남 사천에서 추어탕집 하는 분의 이야기다. 두 분 모두 서울과 부산에서 한마디로 쫄딱 망해본 경험이 있다. 갈 곳은 없고, 식구들은 많고 하여 지방 소도시 근교 후미진 곳에 허름한 집을 월세 내어 정착해 살면서 식당을 시작했다. 그리고 창업 10년 만에 건물을 샀다면 믿을 수 있겠는가? 성공 요인은 가족이 똘똘 뭉쳐 살아야 한다는 절박한 심정으로 엄청난 노력을 한 결과였다.

장사는 하고 싶지만 돈이 없어 못 한다거나 경기가 나빠서 못 한다는 이런 말 하지 말고 본인의 마음과 몸이 시킬 때, 즉 내가 생각한 아이템이 당길 때는 오지에서라도 과감히 시작해야 한다. 돈 없으면 아이디어로 하고, 아이디어가 없으면 속도와 부지런함으로 하면 된다. 정말 돈은 없는데 장사를 하고 싶다면 최선을 다하는 걸로는 부족하다. 자신이 하는 일에 목숨을 걸고 몰입하여 미친 열정으로 뛰어야 한다. 그러면 충분히 위대한 일을 해낼 수 있다. 나는 성공한다는 강한 신념과 뒤집어 보는 생각의 전환, 자신의 능력에 맞는 장소와 업종, 본인의 적성에 맞고 좋아하는 일을 하는 것, 이것들이 맞아떨어지면 아무리 작은 가게라도 즐겁게 할 수 있다.

때론 자신이 잘 아는 지역보다 모르는 곳에 뛰어드는 게 나을 수 있다. 지역을 속속들이 알고 있으면 오히려 고정관념에 사로잡힐 우려가 있기 때문이다. 너무 상세한 지식을 가지고 있어도 저돌적으로 일을 추진하기 어렵다. 어느 정도의 무모함이 오히려 사업에는 플러스가 된다. 돈이 없지만 몸은 이미 장사를 할까 말까 한다? 이럴 때는 무조건 하는 게 정답이다. 머릿속 탁상공론만으로는 아무 일도 못 한다. 멘탈이 강한 사람은 일단 저지르고 본다.

필자가 아는 한 분도 돈도 없고 나이도 많아 아무것도 못 하고 고민만 하다가 재래시장 뒤쪽 구석에 작은 가게를 임대하여 머리고기 삶는 순댓국 전문점을 오픈했다. 총 투자비 2,000만 원. 부부가 죽기 살기로 돼지머리를 바로 삶아 대접한다는 마음가짐으로 노력했다. 그리고 3년 만에 시장 앞쪽 큰 가게로 이전한 후 지금은 대박가게로 성공가도를 달리고 있다. 여기서 우리는 하고자 하는 의지와 실행하겠다는 정신무장이 얼마나 중요한지 알 수 있다.

08

자만심을 경계하라

예비창업자라면 누구나 목 좋고 번듯한 가게에 시설도 멋지게 갖추고 폼 나게 장사를 해보고 싶을 것이다. 그러나 좋아 보이는 아이템에 확신이 서도 경험이 없다면 돈이 있든 없든 유혹을 뿌리쳐야 한다. 처음에는 최소 비용으로 할 수 있는 가게를 찾아 경험을 쌓아가야 자신감이 생겨 2차, 3차는 더 잘할 수 있다.

오랫동안 잘되는 가게의 조건을 보면 입지와 주차장도 중요하지만 맛과 양, 가격이 최고의 비결인 것을 볼 수 있다. 자만하지 말고 초심대로 경영을 해야 오랫동안 사랑을 받지, 경영주가 초심을 잃고 자만심이 생기면 가게에 빈자리가 슬슬 늘어나고 망하는 건 금방이다.

한 예로, 음식의 양을 많이 주면 손님 세 사람이 와서 2인분만 시켜나눠 먹기도 한다. 잔머리를 굴리는 경영주는 음식 양을 팍 줄여버린다. 그러면 그 손님들을 다음에는 볼 수 없다. 이런 방법은 하수들이하는 짓이다. 역으로 그런 손님일수록 신경을 더 많이 써서 양을 충분히 주고 서비스를 해주면 어느 날부터는 미안하고 고마워서라도 주위에 그 가게를 알리는 홍보요원이 된다.

　창업할 마음을 먹고 나면 남의 가게를 많이 돌아다녀 본다. 세상에 없는 것을 찾아낸다는 건 불가능하다. 그래서 모방이 쌓이면 혁신이 된다. 그런데 모방을 잘만 하면 본인의 성장 동력이 되겠지만 어설프게 남 따라서 창업을 하면 큰 코 다칠 수 있다. 가능하면 남이 하지 않는 방식을 찾아내야 한다. 대충 따라 해도 잘 되겠지 하는 안이한 생각, 그것도 자만심이다.

　서울이든 지방이든 큰 유행이 아이템인데 우리 지역에는 아직 진입한 곳이 없다면 그럴 때 선점하는 것이 유망하다. 그래서 자영업자도

본인이 하고 있는 분야의 공부를 소홀히 하면 안 되고 시간 나는 대로 답사도 많이 다녀야 한다.

09

권리금과 웃돈에
눈멀지 말라

큰 장사의 속을 모르는 사람들은 가게를 적당히 차려 후딱 권리금 받고 팔기를 여러 번 반복해야 돈 번다고 생각한다. 참 몰라도 너무 모르는 소리다. 이렇게 하는 건 경영이 아니라 '칼 치기'하여 쥐꼬리만큼 잘라 먹는 '좀꾼'에 불과하다. 또한 그렇게 생각대로 여기서 해먹고, 저기서 해먹을 수 있을 것 같겠지만 천만의 말씀이다. 분명 많은 공백이 생긴다. 그 사이 조금 받은 권리금은 순식간에 날아가고 뜬구름 잡기에 불과하다.

창업은 정말 심사숙고하여 결정하고 한 번 잡은 기회는 주변의 유혹과 눈앞의 이익에 현혹되지 말고 끝까지 간다는 각오로 해야 한다. 어떻게 하면 손님을 사로잡을 것인가 연구하며 더더욱 퍼주면서 장사해야 하고, 내 건물에서 올바른 장사를 하면서 조금씩 확장해나가야 한다. 그렇게 꿈이 실현되는 참맛을 보는 것이다.

우리 주변에서 잘 되던 가게가 어느 날 주인이 바뀌어있는 걸 심심

찮게 볼 수 있다. 처음 계획한 메뉴를 고수하면서 조금만 참고 견디면 좋은 날이 보이는데 그 잠시를 못 참고 계속 메뉴를 덧붙이다가 나중에 보면 처음의 전문성은 어디로 갔는지 보이지 않고 메뉴가 뒤죽박죽이 된다. 경영주의 고집스러운 주관 없이 손님 말에 귀가 솔깃하여 가게를 망쳐 먹고 만다. 그래서 늘 공부해야 하고 기본을 알아야 한다고 강조하는 것이다. 초심을 지키는 것이 바로 거기에서 비롯된다.

필자가 자주 가는 단골집의 사장님이 있는데, 조그만 가게에서 해장국을 팔았다. 그런데 몇 개월 전에 그 가게가 좁다면서 인근 큰 가게로 옮기고 원래 메뉴를 버리고 삼계탕집을 인수했다. 그런데 삼계탕은 비수기에다 AI까지 유행하면서 매달 적자만 1,500만 원이 난다고 한다. 전에 하던 작은 해장국집은 매달 순이익이 800만 원이었는데 말이다. 결과적으로 엄청난 손실과 마음고생만 떠안게 되었다. 순간의 잘못된 결정이 본인의 인생길에 크나큰 악재로 다가온다는 사실을 명심하자.

10

남의 가게 인수할 시
알아야 할 것들

준비가 전혀 안 된 상태에서 의욕만 가지고 남이 하던 가게를 인수받는 분, 프랜차이즈 가맹점을 내신 분, 남이 하던 체인점을 인수하신 분. 이분들께 피 같은 돈을 투자하는 사업인데 공부 좀 하고 사업하시라고 말하고 싶다.

우선 경제에 대한 관념부터 가져야 한다. '경제'는 우리가 살아가면서 꼭 필요한 단어다. 경제가 뭔가. 우리가 먹고 살아가는 것이다. 직장을 다니고 사업을 하고 돈을 모아 어디에 투자하고 언제 기회를 찾는지 등 이 모든 것이 경제관념이다. 적어도 20대부터는 경제관념이 몸에 배이도록 누군가에게 배워야 하고 스스로도 노력해야 한다. 자녀들에게도 일찍부터 경제관념을 심어줘야 커가면서 관심을 가지게 된다.

그런데 필자의 눈에는 경제관념이 없는 엉터리 사업주가 너무 많다. 남이 하던 가게가 좋아 보이니까 앞뒤 안 가리고 비싼 권리금 주고 덜컥 인수하여 경영하는 것을 보면 고생만 하다가 망해먹으려고 작정한 사람으로 보인다. 본인이 팔고 있는 음식이 어떻게 만들어지고 있는지, 손님들에게 제대로 나가고 있는지 뭘 알아야 직원들에게 지적을 하고 개선을 할 텐데 주방장과 찬모만 바라보고 있다. 의욕과 돈만 앞세워 인수한 장사는 대부분 경험만 얻고 끝나는 것에 불과하다. 결국 실패로 끝날 확률이 매우 높다는 얘기다.

본인의 색깔과 전략, 남다른 비즈니스 모델을 가지고 있어도 전투장 같은 외식사업에서 살아남기 어려운데 남이 잘 차려놓은 밥상이 보기 좋다고 숟가락만 얹어보려는 심산으로는 성공하기 힘들다. 먹어보면 가시투성이다. 실질적으로 제1선에서 음식을 만들어내는 주방장과 찬모 중 일부는 '떴다방'처럼 이 가게 저 가게 오픈용으로 돌아다니는데, 그 수가 상당히 많고 그 사람들이 만들어내는 음식은 3류 음식으로 말만 번지르르하지 내용은 하나도 없다. 그 사람들을 믿고 시키는 대로 장사했다가는 1년도 못가 문을 닫게 된다.

만약 초보라도 각오가 확실하다면 잘해낼 수 있다. 아침에 남보다 1~2시간 먼저 장사를 시작하여 주방과 홀을 미리 점검한다. 오후 점심시간이 끝나면 홍보와 답사를 다녀야 하며 늘 본인 가게의 문제점을 찾아 연구하고 분석해야 한다. 운동선수들도 연습량에 따라 성적이 확실하게 달라지는 것을 볼 수 있다. 여러분도 노력하면 달라질 수 있다. 쉽게 얻어지는 것은 하나도 없다. 대박을 꿈꾼다면 꼭 공부하고 시작해야 한다.

11

창업 도전자는
원대한 꿈을 가져라

꿈은 크게 가져야 한다. 그런 의미에서 창업자들이 마음속에 깊이 새겨둘 만한 성공자들의 이야기를 해볼까 한다.

어느 늙은 외판원의 이야기다. 51세의 믹서기 사업가 '레이.' 그는 늘 하는 사업마다 실패하여 장사꾼으로서 소질이 없는 것처럼 보였다. 그런 그에게 우연한 기회가 찾아왔다. 어느 날 유난히 많은 믹서기를 주문한 업체 한 군데가 눈에 띄었다. 대체 어떤 곳일까 호기심이 생긴 그는 그 가게를 방문했다. 그리고 너무도 놀랐다. 청결, 시스템, 맛, 가격, 모든 것이 완벽했던 그곳은 두 형제가 운영하고 있는 시골의 작은 햄버거 가게였다. 레이는 이런 가게라면 프랜차이즈를 운영해도 좋겠다는 생각이 들어서 가게 주인에게 이야기했다. 그러자 가게 주인은 의아하다는 표정을 지으며 이렇게 물었다.

"이런 매장을 우리 말고 누가 운영하려 하겠습니까?"

"바로 내가 하겠소!"

겨우 영업권을 따낸 레이는 시카고에서 프랜차이즈 1호점을 내게 된다. 이 가게 이름이 바로 그 유명한 '맥도날드'다. 시골의 작은 가게를 지금의 맥도날드로 키워낸 레이 크록, 그는 맥도날드 형제와 계약을 하던 순간 이렇게 말했다.

"나의 전성기는 아직 시작되지 않았다."

그는 수많은 실패에도 불구하고 스스로 사업에 소질이 없다고 생각하지 않았다. 다만, 아직 전성기가 오지 않았을 뿐이라고 생각했다. 혹시 자신이 소질이 없는 것 같다고 느껴지는가? 아직 떡잎에 불과한데 왜 벌써 열매가 없음을 탓하는가. 부족함은 '아직'의 증거이지 '소질 없음'의 증거가 아니다.

국내에도 귀감이 될 만한 사례가 많다. 경기도 전체 외식사업체 중에서 단일가게 매출 순이익으로 최상위권을 다투는 집이 있다. 그곳을 집중 연구해보자. '송추 가마골 갈비'라는 곳이다. 이곳이 성공할 수 있었던 이유를 분석해보면 다음과 같다.

첫째, 서비스가 남다르다. 고기를 드시는 모든 고객이 마음속으로 대접받는 기분이 들도록 구조적으로 잘 되어 있다. 둘째, 맛이 좋다. 수입산 고기지만 고기가 연하고 남녀노소 누구나 좋아할 맛이다. 셋째, 키포인트는 여기에 있는데, 고기에 따라 나오는 채소류가 일품이다. 아마 타의 추종을 불허할 것이다. 그릇부터 품위가 있고 맛깔스럽게 나온다. 또한 채소와 밑반찬 가짓수가 다른 업체와는 완전 차별화되어 있다. 넷째, 디저트도 잘 되어 있고 매장이 안락하다. 다섯째, 주자시설이 풍족하고 주치요원도 잘 배치되어 있다. 여섯째, 총 경영주가 천재적인 경영 서비스 마인드를 가졌다. 일곱째, 직원 교육이 국내 최고라는 생각이 든다. 홀과 주방 시스템에서 배울 점이 많다. 여덟째, 브랜드 파워가 장난이 아니다. 아무리 오지에 오픈해도 바로 손님이 초만원이다.

사실 필자는 이 분이 외식사업에서 걸어온 길을 조금 아는데, 이 분야에 대한 공부를 많이 한 분이다. 결론적으로 말해서 현재 국내에서 현존하는 개인 외식사업 업체 중 최고의 사관학교라고 할 수 있다. 예비창업자들은 이곳을 롤 모델로 삼아야 한다.

다음 소개할 곳은 '갈릴리 농원 장어집'이다. 23년 전 필자가 일산에 처음 왔을 때 나들이차 자유로를 타고 가다가 파주 낙하리에 위치한 갈릴리 장어집을 방문했다. 당시 그곳은 비닐하우스 두 동에 장어 양식장이 있고 그 앞 야외 난전에서 장어를 구워먹는 곳이었다. 한마

디로 정상적인 식당이 아니라 손님 각자가 음식을 싸와서 장어랑 함께 먹는 그런 곳이었다. 그런 장어집이 20여 년 만에 경기도 단일가게 최고 매출을 자랑하는 위치에 올라왔다. 성공요인을 살펴보면 다음과 같다.

첫째, 직접 양식업을 한다. 그러다보니 바로 잡아 싱싱하고 맛이 좋다. 양도 많이 준다. 둘째, 이 집의 키포인트는 내 맘대로 음식물을 싸와서 장어랑 함께 먹을 수 있다는 것이다. 채소와 양념류, 마늘 등은 무한대로 준다. 여기에 숯불이 아주 좋다. 셋째, 나들이길 주차장이 넓어 아무리 많은 손님이 와도 쉽게 주차할 수 있다. 다시 정리하자면 직접 양식을 하여 그 자리에서 싱싱한 장어를 바로 잡아주고 각종 채소와 양념류, 숯불에 자리 제공만 한다. 손님은 마음대로 소풍 온 기분으로 각자 싸온 음식을 눈치 안 보고 먹을 수 있다. 경영주의 편의 제공과 손님의 욕구가 서로 맞아 떨어진 것이다.

만약 똑같은 조건에서 똑같은 장사를 하라고 하면 여러분도 이들처럼 성공할 수 있을까? 그것은 장담할 수 없다. 하지만 이들처럼 큰 장사를 하겠다는 포부는 가질 수 있다. 그 포부를 현실로 만드는 것은 각자의 노력에 달려있다. 지금 이 순간 이 책을 보며 자신의 멋진 미래를 그리고 있는 여러분은 이미 원대한 꿈에 한 발짝 다가섰다. 결코 포기하지 말고 다음 한 발짝을 힘차게 내딛기 바란다.

12

은퇴는 없다.
제2의 인생을
장사로 즐겨라

나이 먹어 하는 사업은 정말 조심스럽다. 잘못되면 당장 노후를 걱정해야 하기 때문이다. 지금 우리 사회는 50~70대에도 그냥 놀 수 없는 것이 현실이다. 대부분 은퇴 후를 생각하며 뭔가 새로운 일을 해보고 싶은 마음이 강하다. 경험도 많고 세상을 바라보는 눈도 넓다. 아는 것도 많다. 그러나 잘못될까봐 실행에 옮기지 못한다. 실패의 두려움을 이겨내야 하는데 쉽지 않다. 젊은 날에는 세상 무서운 걸 모르니 무모하게 덤볐는데 나이 먹고 시작하려니 너무 세세히 알기 때문에 오히려 더 앞으로 나갈 수 없다. 이래저래 고민이 많은 시기다.

뉴스를 보면 이런 내용의 기사가 나온다. '기대보다 빠르게 은퇴한 60대들이 섣불리 창업에 나섰다가 실패하는 경우가 3명 중 2명', '고용 없는 나 홀로 자영업자 400만 시대.' 이런 이야기를 들으면 창업이라는 것이 암울하고 고통스러운 것으로 느껴진다. 그러나 즐기는 창업으로 제2의 인생을 사는 사람도 있다. 어떻게 하면 실패하지 않고 건강하게 새로운 일에 빠져들 수 있을까?

은퇴 후 또 다른 일에 맛을 들인다는 것은 젊음으로 돌아가 건강한 자신감과 희망이 솟는다는 것을 의미한다. 평생을 직장생활 하면서 남의 일만 하다 끝낼 것이 아니고 내가 꿈꿔온 나만의 창업을 한번쯤 해보는 것은 어떨까. 가정과 아이들, 그리고 주변의 지인들에게 자신의 존재감을 보여주고 성취감도 크게 다가올 것이다. 세상을 너무 피하기만 하다 보면 자신이 작아 보여 미워진다. 물론 아내들은 사업을 하겠다고 하면 반대를 많이 한다. 그 나이에 무슨 창업이냐고. 하지만 창업가 정신으로 이 모든 걸 이겨내야만 본인의 마음속에 금자탑을 세울 수가 있는 것이다. 수많은 세월동안 보고 듣고 느끼며 쌓인 경륜으로 내가 해보고 싶었던 그 일에 마지막으로 도전은 해보고 끝내야 한다. 세월은 기다려주지 않고 우물쭈물 하다가는 정말 요 모양 요 꼴 나는 게 인생이다. 내 인생 내 맘대로 잠자는 마음속 의욕을 끌어내어 미친 열정으로 신선 같은 창업을 해보는 것이다. 생각만 해도 가슴이 뛴다.

제주 사계리에 사는 박 모씨. 퇴직 후 62세에 올레길을 걷다가 바닷가에 입지 좋은 농가주택을 발견한 그는 즉시 구입 후 신축하여 카페를 창업했는데 초대박이 났다. 시니어들은 부동산에 경험이 많아서 좋은 물건을 알아보는 밝은 눈을 가졌다. 나이 많다고 뒷걸음질만 치지 말고 가지고 있는 상섬과 경륜을 30%만 푼다면 젊은 친구들보다 훨씬 앞서갈 수 있다.

요즘 작은 병원들도 여러 의사들이 뭉쳐 공동 창업을 하고 모두가 원장인 체제로 간다. 즉, 시니어들도 이렇게 뭉치면 얼마든지 멋진 창업을 할 수 있다. 부동산 사무실만 보더라도 합동으로 조금씩 모아 창업할 수 있다. 1명은 상가를 전문으로 하고 1명은 땅, 또 1명은 집 등으로 역할 분담을 한다면 재미도 있고 희망도 생긴다. 이렇게 창업을 하면 아파트 경비로 취업하는 것보다는 훨씬 나을 것이다.

외식 창업도 마찬가지다. 혼자 모든 걸 감당하기엔 벅차고 리스크 등에 대한 걱정으로 잠도 안 올 수 있다. 하지만 2~3명 이상만 힘을 합치면 무서울 게 없다. 옛날처럼 동업이라는 개념보다는 최소 자금만 가지고 기업의 주주로 참여한다는 생각으로 시작하는 것이다. 출근하여 일하는 데 포커스를 맞추면서 매달 수익금으로 약간의 인건비와 배당을 받으면 된다. 이렇게 창업을 한다면 출근하는 매일이 신나지 않을까? 찾아보면 5천만 원 이하의 투자로 시니어에게 적합한 창업거리는 널렸다. 필자의 형님도 60세가 넘어 3,500만 원 투자한 국수집에서 월 300~800만 원까지 순이익을 보고 있다.

그래도 감이 안 오는 분들을 위해 한 가지 재미있는 창업의 예를 구성해볼까 한다. 4월이면 산에 들에 나물들이 정신없이 올라온다. 제일 먼저 올라오는 새싹을 낫으로 베어다가 삶은 후 말려서 포장한다. 이것을 한정식당이나 비빔밥집, 인터넷 등에 판매하면 끝내주게 팔려나간다. 그럼 이런 사업은 어떻게 시작할까? 아주 적은 돈으로 본인이 살고 있는 곳 주변에 작은 비닐하우스 1동을 빌린다. 하우스 안에 나물 삶는 큰 통 1개를 갖다 두고 하우스 절반에 나물 말리는 그물망을 설치한다. 여기에 건조용 대형 선풍기 등을 구입하면 총 투자비 200~300만 원 정도로 창업이 가능하다. 이런 일은 젊은 사람들보다 50~70대가 더 잘할 수 있다.

필자도 수년간 주변의 밭과 들에서 제일 많이 자라는 망초대를 베어다가 삶아 말린 후 포장해두었다가 가끔 나물반찬을 해먹는다. 주변에 선물하면 웬 비싼 자연산 나물을 주느냐고 무척 고마워한다. 대부분 사람들은 지천에 널린 풀을 보면서도 어떻게 먹는지 모른다. 그런 걸 베어다가 한 번 먹어보라고 하면 다들 좋아한다. 이렇게 눈만 크게 뜨면 사방에 돈이 널려있다는 사실! 창업이라는 것은 그렇게 시작하는 것이다. 즉, 창업의 본질은 거창한 게 아니고 '즐기는 일'이 정답이다. 나이 많다고 포기하지 말고 또 다른 삶에 도전해보길 바란다.

마지막으로 은퇴 후 창업을 계획 중인 분들이 반드시 명심해야 할 사항을 정리하면 다음과 같다.

첫째, 전부를 거는 창업은 절대 No. 소자본 창업이 답이다.

둘째, 평소에 하고 싶고 잘할 수 있는 사업으로 목표가 뚜렷해야 한다. 단기로 끝낼 것인가, 장기로 갈 것인가를 분명히 선택해야 한다.

셋째, 경쟁 업체가 많은 곳은 피하는 게 좋고 나 홀로 여유롭게 할 수 있는 곳을 선택해야 마음이 편하다.

넷째, 창업은 꼭 돈 버는 일에 역점을 두지 말고 '나의 아지트'를 만들어 날마다 출근하는 즐거움을 누린다고 생각하고 거기에 포커스를 맞추는 것이 좋다. 그리고 천천히 그 지역의 대표 브랜드로 키워내는 것이 정답이다.

다섯째, 즐기는 사업을 하다 보면 생활의 활력과 자신감도 생기고 돈도 따라올 것이다.

제4장

장사프로가 되는 실전 외식 창업

: 기술편

4

지금 이 책을 읽고 있는 여러분은 복권에 당첨된 사람이다. 누구도 이렇게 속속들이 알려줄 사람은 없기 때문이다.

이제 막 창업을 결심한 분이라면 아는 것보다 모르는 것이 많을 것이다. 혼자서 다 하려니 막막한데 누구 하나 속 시원히 가르쳐주는 사람이 없다. 답답한 마음에 창업 관련 강의도 찾아보고 책도 뒤져보지만 정작 필요한 정보들은 없고 죄다 말만 번지르르한 이론만 무성하다. 역시 혼자서는 안 되나 싶어 프랜차이즈 사업설명회를 기웃거려 본다. 그러나 그곳 역시 속빈 강정이긴 마찬가지.

그러나 걱정할 필요는 없다. 지금부터 필자가 알려주겠다. 장사를 시작하기 전에 업종은 어떻게 선택할 것인지, 선택한 업종에 따라 가게는 어디에 입점할 것인지, 상호는 어떻게 지을 것이며 가게 시설과 인테리어는 어떻게 준비할 것인지, 오픈 후 직원들 관리와 손님 응대는 어떻게 할 것인지, 식자재 구입은 어떻게 하고 거래처는 또 어떻게 관리할 것인지, 배달을 잘하는 요령은 무엇인지, 장사가 잘 되거나 혹은 반대로 잘 안될 때는 어떻게 대처해야 하는지 등등 하나부터 열까지 궁금한 당신을 위한 맞춤 솔루션!

장사는 기술이다. 단, 마음이 들어간 기술이다. 실전 창업에서 피가 되고 살이 될 진짜 장사의 기술들을 살펴보자.

01

장사,
어떻게 하면 잘할 수 있나?

처음 창업은 누구에게나 막연하다. 생각도 많고 준비할 것도 무척 많다. 구상하고 있는 동종분야 답사도 많이 다녀야 하고 본인이 창업하고자 하는 지역의 상권 분석과 점포 입지 선정 등 이것저것 생각하면 잠이 안 온다. 이 모든 걸 혼자 하려니 너무 어렵고 힘들어 결국은 프랜차이즈 가맹점이나 컨설팅에 의존하게 된다. 그러나 스스로 하고 싶은 일을 창업가 정신으로 해냈을 때, 작은 가게라도 혼자 힘으로 일궈냈을 때의 그 보람은 엄청나다. 자기 자신이 모든 걸 해냈다는 자신감, 즉 멘탈이 본격적으로 살아나 다음부터의 창업 구상은 일사천리로 진행되며 새로운 아이디어가 눈에 보이기 시작한다.

필자는 외식사업을 하고자 하는 분들이나 기존에 식당을 하고 있는 분들에게 수도 없는 어드바이스를 한다. 스스로 공부하고 발로 뛰면서 지금 하는 일에 미쳐보라고. 손님이 항상 많은 식당뿐만 아니라 늘 경기 탓만 하고 손님 하나 없는 가게도 계속 다녀보면서 문제점을 본인 눈으로 찾아냈을 때 창업의 문을 두드리라고 말이다.

창업을 너무 거창하게 하는 것은 리스크가 많이 따른다. 진짜 창업은 본인 마음속에 불을 피워 점점 타오르게 하여 그 불꽃이 마침내 밖으로 폭발할 즈음 실행에 옮겨야 한다. 남이 볼 때는 작고 보잘 것 없더라도 내 속에서는 이 지역 모두와 나의 분야 전체를 싹쓸이한다는 웅대한 마음을 품어야 한다. 내면에 있는 절실함을 불러내어 나는 어떤 일이 있더라도 성공한다는 신념을 가져야 한다.

업종 구상이 서면 상호부터 지어 벽에 붙여놓는다. 그리고 창업 6개월 전부터는 눈을 감고 상상 속에서 본인 가게의 영업을 시작한다. 마음속 영상을 플레이하면서 가상의 경영을 해보는 것이다. 그렇게 해보면 실전에서 발생할 수 있는 문제점을 미연에 찾아낼 수 있다. 그때마다 스케치를 하고 메모를 해두면 분명 좋은 결과가 있을 것이다.

여기서도 중요한 것은 자신이 생각하는 대박 가게 모델과 본인의 가게를 상상 속에서 한 치의 오차 없이 계속해서 비교 분석하는 것이다. 나는 무엇을 어떻게 할 것이며, 직원들 교육과 가게 콘셉트는 어떻게 가져갈 것이고, 음식은 어떻게 할 것인지 냉정하게 바라봐야 한다. 가상 손님의 표정까지 놓치지 마라. 단언컨대 필자의 말대로 이를 실천한 사람이라면 실제 창업에서 분명 성공하리라 확신한다.

02

업종 선택하기

외식사업은 업종에 따라 낮 장사, 밤 장사가 있고 평일 장사, 주말 장사가 있다. 어떤 장사를 해야 돈을 꾸준히 벌 수 있을까? 필자의 경우에는 낮 장사와 평일 장사가 체질적으로 맞는다. 반면, 밤 장사나 주말 장사가 체질에 맞는 사람도 있을 것이다. 자신에게 잘 맞는 업종을 선택해야 지치지 않고 오래 장사할 수 있다.

작은 고깃집은 평일 낮에 손님이 없고 밤늦게까지 장사를 해야 한다. 또한 주말에 집중 매출을 올려야 하기에 쉴 수가 없으므로 젊고, 건강하고, 밤에 뭔가 잘할 수 있는 사람에게 적합하다. 횟집(바닷가 횟집은 다소 편차가 있음)이나 일식집도 평일 낮에 손님이 없고 밤 장사다. 낮에 점심메뉴를 팔아도 남는 게 없다. 역시 주말에 집중적으로 매출을 올려야 한다. 평일 낮 장사를 하고 싶다면 국밥류나 찌개류, 면류처럼 직장인을 상대로 한 장사가 제격이다.

그런데 외식사업은 메뉴에 따라 계절을 타는 경우가 있다. 회는 게

절을 타는 대표적인 메뉴다. 비브리오 패혈증 때문에 날씨가 더워지기 시작하는 4월 이후부터 9월 하순까지는 장사가 안 되고 늦가을부터 겨울에 장사가 잘 된다. 국수, 냉면, 막국수 등 차가운 면 종류는 4월부터 9월까지만 돈을 벌 수 있고, 찬바람이 불기 시작하면 그때부터 매출이 없다. 반대로 김치찌개, 된장찌개, 해물찌개 등 찌개류와 만두전골 등의 국물요리는 찬바람 불 때부터 이듬해 4월까지 집중적으로 돈 벌 시기다. 그 이후엔 세월만 낚아야 한다.

중식의 경우엔 계절을 많이 타지는 않지만 그래도 여름에는 타격이 있다. 국수, 막국수, 냉면 등이 잠식하기 때문이다. 본래 추어탕과 삼계탕이 계절 음식으로 인식되어 왔는데 지금은 그다지 계절을 타지 않고 4계절 잘 된다. 특히 종전의 보양탕들이 없어지면서 삼계탕이 여름 보양 음식을 거의 독점하며 대부분 여름에 장사가 잘 되고 돈을 버는 집들이 많다.

작은 한정식집, 생선구이집, 두부전골집 등은 모든 사람들이 가정에서 늘 먹는 음식이라 철도 안 타고 낮에 집중적으로 장사가 잘 된다. 이런 아이템은 요리에 자신 있는 가족끼리 한다면 아주 유망하다. 순댓국, 설렁탕, 곰탕, 해장국집 등은 계절을 타지 않고 아침부터 밤까지 꾸준히 영업할 수 있는 아이템으로 양심껏 열심히만 한다면 아주 유망한 분야다.

맥주 파는 호프집, 선술집 등은 여름 장사요, 밤 장사라 특수한 사람만 하는 게 좋다. 보통 사람들은 100% 망해먹는다. 치킨, 피자, 족발 등은 계절로 보면 여름이 잘 되고 겨울엔 비수기다. 배달이 많고 밤 장사요, 주말 장사라 나이 많은 분들은 가급적 안 하는 게 상책이다.

실질적으로 큰돈 벌기 어려운 분야고 작은 돈까지도 까먹기 딱 좋은 분야다. 분식, 라면, 김밥, 돈가스 등은 가능하면 가족끼리 소박하게 작은 돈 투자하여 욕심 내지 말고 일하는 재미로 가야 한다.

하나 더. 요즘 카페와 프랜차이즈 빵집을 많이 차리는데 아마 조사해보면 창업자 중 이 분야에서 적자 보는 가게와 실패하는 가게가 제일 많이 나오지 않을까? 이유는 간단하다. 겉만 그럴싸하지 실속은 하나 없고 목숨 걸고 땀 흘리는 사업이 아니기 때문이다. 물론 어느 분야든 예외가 있지만 말이다.

03

계절에 맞게 창업하기

　본인이 하고자 하는 업종이 창업하고자 하는 계절과 일치하고 있는가? 이 부분은 오픈 시기를 언제로 잡느냐를 좌우하는 문제이기 때문에 매우 중요한 부분이다. 이걸 모르고 창업한다는 건 심하게 말해 외식 창업에 있어서 신생아 수준이나 다름없다. 미안한 말이지만 엄마 젖 더 먹고 와서 시작하기 바란다. 그러나 너무 낙담할 필요는 없다. 필자가 누군가. 하나하나 예를 들어 방법을 알려줄 테니 잘 공부하시길.

　'○○막국수 11월 1일 오픈'이라고 쓰인 현수막을 봤다. 그리고 '○○비어'라는 가맹점 맥주집이 엄청 비싼 임대료를 내고 건물 코너에 들어오는 것도 봤다. 그걸 보면서 '망해먹으려고 작정한 사람들이구나.' 싶었다. 2곳은 모두 업종과 창업 계절이 전혀 맞지 않는 잘못된 결정을 한 경우다. 막국수는 여름 한철 계절음식으로 11월에 창업을 하면 6개월은 그냥 공친다고 볼 수 있다. 보통 아무리 작은 가게도 창업 시 주방장과 직원 1~2명은 투입하여 시작하게 되는데 수개월째 직원 월급과 월세, 먹는 것 등을 무슨 수로 감당하겠는가. 처음 창업할 때는 의욕을 가지고 시작한다. 하지만 정작 장사가 되는 철에는 이미 전의를 상실하고 마는 경우가 다반사다.

맥주 체인점의 경우 규모도 있고 시설도 상당한데 필자의 경험으로 말씀드리자면 보통 사람들은 이 분야를 하지 마시기 바란다. 맥주 체인점이 큰일 나는 사업이라고 하는 이유는 한 여름 6개월 장사요, 저녁 장사로 1년 평균을 볼 때 돈을 벌 시간이 너무 짧기 때문이다. 구조적으로 망해먹는 길밖에 없다. 물론 특수한 분들은 다른 방법으로 영업을 하는 경우도 있다. 하지만 대부분은 힘들다는 것이 필자의 결론이다.

이렇듯 창업은 계절과도 밀접한 관련이 있는데 만일 막국수집을 계획한다면 3월까지 준비하여 4월 중순경 오픈을 해주면 약 6개월간 신나게 장사가 잘 된다. 결과적으로 하나도 마음 고생하지 않고 순조롭게 장사할 수 있을 것이다. 여기서 팁! 예를 들어 막국수, 냉면 등 계절음식을 메인 메뉴로 팔 때는 필수적으로 가을이 오기 전에 확실한 겨울 메뉴 한 가지를 개발하여 미리미리 선을 보이고 마케팅도 해둬야 살아남을 수 있다. 겨울 메뉴로는 손만둣국을 추천한다.

반대로 4~5월에 만두전골집을 오픈한다면 점점 날은 더워지는데 찬바람 쌩쌩 부는 철에 좋아하는 메뉴인 만두전골을 찾는 사람은 없을 것이다. 만약 만두전골집을 구상 중이라면 10월에 오픈해야 끝내주게 맞아 떨어진다. 도심에서 횟집, 일식집을 창업하고 싶다면 가을에 오픈하는 것이 좋고, 고깃집도 여름에는 좀 덜 먹게 되어 매출이 줄기 때문에 선선한 때에 오픈하는 것이 좋다. 업종과 계절과의 관계가 이렇게 중요하다. 따라서 신중한 타이밍을 요한다.

04

가맹점 창업 선택과 문제점

국내 외식사업에서 프랜차이즈가 차지하는 비중이 꽤 크다. 프랜차이즈 사업과 관련된 기관에서는 국내 프랜차이즈 산업 규모가 매출 149조 원에, 관련 고용 인원은 143만 명이라며 불황에도 시들지 않는 프랜차이즈의 매력에 대해서 어필하고 있다. 불황에 프랜차이즈가 잘 되는 이유는 간단하다. 원래 불황에는 자영업자가 늘어나게 되어 있고 경험도 없는 사람들이 프랜차이즈에 몰려들기 때문이다.

프랜차이즈 창업은 쉽게 장사의 길로 진입할 수 있다는 점에서 매력적으로 보이지만 속을 알고 보면 상당히 골치 아픈 일이 많다. 물론 잘 선택만 한다면 별 어려움 없이 식당 사업에 뛰어들어 성공도 하고 자기만의 노하우도 쌓여 본인이 직접 가맹 사업본부도 만들 수 있다.

간단한 예를 보자. 한때 주꾸미볶음 전문점이 유행을 타면서 엄청 많이 생겼다. 그리고 그 유행의 중심에는 300만 원 받고 기술교육을

해주는 곳이 있었다. 이게 매스컴을 타면서 초기에 기술을 배운 사람들이 지방까지 'ㅇㅇ 주꾸미' 전문점을 열어 대박을 친 가게들이 많이 생겨났다. 그런데 이건 그야말로 초기에나 해당되는 얘기고 지금 뛰어들면 이미 막차라 실패 확률이 높다. 야채 샤브샤브의 경우도 비슷하다. 프랜차이즈 가맹점 창업은 대부분 이렇게 진행된다고 보면 정답이다.

장사는 해보고 싶은데 깊이 아는 것도 없고 혼자 하려니 모든 게 막연하고. 그래서 방법을 찾다가 인지도가 있는 프랜차이즈로 시작하는 경우가 많다. 그러나 우리가 짚어보고 공부해야 할 대목이 있다. 크게 보면 체인점으로 시작하는 건 장사의 첫걸음이요, 남의 머리를 빌려서 하는 것이라 엄청나게 유명한 맛집으로 오래 갈 수가 없다. 왜? 같은 브랜드의 가게가 계속 생기기 때문이다. 다음으로 남의 노하우를 받다보니 본인의 것은 하나 없고 처음부터 그 대가로 가맹비,

인테리어비 등을 치러야 한다. 재료 공급을 비롯해 지속적인 간섭도 받게 된다. 아무리 노력해도 2등밖에 할 수 없는 구조다. 앞에서 이야기한 것처럼 유명한 식당의 첫 가맹점 사업 때 뛰어든 사람 일부만 돈을 벌고 나머지는 별 볼 일 없는 게 현실이다.

국내 최대 프랜차이즈 여러 곳을 나열하며 확인해보면 현재 투자 대비 만족할만한 수익을 내고 있는 가게는 5~10% 안팎이다. 70%는 적자를 보고 있으면서도 투자금 때문에 이러지도 저러지도 못하는 실정이다. 결과적으로 본인의 것 없이 남의 것으로 시작하는 사업은 낚시하는 방법은 배우지 못하고 남이 낚아주는 고기만 받아먹는 격이다. 결국 장사를 하면서 하나하나 다시 배워야 하는 것으로 보면 된다.

어려운 이 시대의 창업은 정말 실패 확률이 높다. 그렇기 때문에 신중하고 철저한 계획을 세우고 남이 상상도 못하는 아이템과 자기만의 특별한 색깔을 가지고 직접 모든 걸 발로 뛰면서 만들어야 희망의 에너지가 생겨난다.

05

입점 시 상권 따라
주의할 점

방송에서 '골목상권 살리기'라는 말이 심심찮게 나오는 걸 볼 수 있다. 그만큼 열악하고 어렵다는 말이다. 비슷한 가게도 많아 경쟁은 치열한 데 비해 주차문제가 심각하고 규모도 고만고만하여 무엇 하나 장기적으로 할 만한 업종이 없다는 것이다.

골목상권도 초기, 중기, 정착기 골목으로 나눠볼 수 있는데, 초기에 새로운 상권이 형성될 무렵에는 할 업종도 다양하고 장사도 잘 된다. 권리금도 붙고 주차문제도 어려움이 없어 고깃집과 다양한 음식점들이 입점하게 된다. 특히 냄새 많이 나는 삼겹살집 같은 업종도 잘 되는데 가게 앞 데크에 야외식 테이블을 설치하면 여기서 고기를 구워 먹기 딱 좋다. 2층 이상에서는 노래방과 주점 등도 잘 된다.

그러다 한참 지나면 주차 단속이 시작되고 가게 앞에서 장사할 때 민원이 발생하여 초창기 형태로는 장사를 할 수 없게 된다. 그렇게 되면 골목상권이 서서히 침체기로 접어든다. 2차로 바뀌는 업종이 분식, 중식, 치킨 배달, 미용실 등으로 다양한 상권으로 바뀐다고 볼 수 있다. 이런 시기에는 골목 상가에서 대박 나는 가게를 찾아보기 힘들다. 왜? 1차로 들어와 돈을 번 가게들은 넓은 곳으로 이전해 가기 때문에 새로 진입한 가게와 기존 가게들은 죄다 비슷하기 때문이다. 예를 들어 커피집만 보더라도 한 집도 제대로 매출을 올리는 집을 볼 수 없고 치킨·호프집을 봐도 다양한 상권에서 쑤시고 들어오기 때문에 힘들다.

완전 정착기에 접어들면 어느 골목은 먹자골목, 다른 골목은 카페골목, 이런 식으로 정리되어 오히려 잘 돌아가는 듯 보인다. 그러나 이것도 실질적으로 자세히 속을 들여다보면 그 속에서 앞 뒤 가게들끼리 경쟁이 치열하다. 기본적으로 기반 여건이 열악하고 주차문제가 해결될 수가 없기 때문에 단체 손님도 받을 수가 없고 오는 손님은 한정되어 있다. 비슷한 업종은 포화상태고 다툼도 많다. 상가 건물이 낙후되어 어떤 골목은 죽은 상권으로 변해간다. 번잡한 시내의 오래된 골목이야 한정된 곳이라 그대로 유지되지만 웬만한 골목상권은 확실히 시대에 따라 변해가고 그에 따라 업종도 달라지는 것을 볼 수 있다.

외식사업으로 볼 때 장기적으로 장사를 한다 해도 큰 돈 벌기 힘들고 밥 먹고 사는 정도다. 꽉 짜인 오래된 골목상권은 텃새도 무척 심하기 때문에 신중한 결정을 하고 들어가야 한다. 개인적으로는 골목상권에서 외식사업 하는 것을 솔직히 권하고 싶지 않다.

대형 복합상가 내 임대 가게에서 창업한다면 신경 쓸 것도 많고 준비할 것도 무척 많다. 초기 신축 건물은 관리체계가 건물주 쪽에서 관리하다가 건물 입점자가 70~80% 정도 차면 입점자 자체 관리로 넘어오는 경우가 많다. 대부분은 입점자 운영위원회를 만들어 위탁 관리를 하게 된다.

어쨌거나 입점하는 점포가 많아지면 그 속에서 분쟁이 생기는데 분쟁 유형을 보면 관리비 선정 문제가 가장 많다. 관리비는 평수에 따라 정산하지만 지하부터 꼭대기 층까지 일괄로 매길 수가 없기도 하거니와 공실이 생기기 때문에 말이 많다. 꼼꼼히 따져보지 않으면 손해 보기 십상이다. 1층의 경우에는 필요 없는 엘리베이터 등도 신경 써야 하고 전기, 수도, 난방 문제도 유심히 관찰해야 한다.

이웃 가게와도 분쟁이 많이 생기는데, 앞면 공유면에 내놓은 물건이나 간판 자리, 닥트나 환풍기 냄새 등으로 이웃 간에 불편한 사이가 되어 오랫동안 말도 안하며 지내는 가게들도 참 많다. 심지어 이웃 가게 때문에 장사를 접는 사람도 있다. 지역적인 문제로 감정의 골이 깊은 사이로 가는 경우도 많다. 입점자가 100% 차면 음식물 쓰레기 냄새, 주차문제 등으로 상인들끼리 늘 언쟁이 일어난다. 비슷한 업종끼리 손님 유치로 인한 신경전도 수시로 생긴다.

어떻게 하면 이 모든 파고를 무난히 헤쳐 나갈 수 있을까? 이런 **대형 상가에서는 텃세가 심하기 때문에 우선 '왕따'가 되지 않으려는 노력이 문제 해결의 첫걸음이 될 수 있다. 상가 입점 초기 제일 먼저 입점한 사람, 지분이 많은 사람과 잘 지내면 유리하다. 가능하면 상가운영위원이 되어 함께 관심사를 공유하도록 한다. 너무 저자세를 취하는 것은 오히려 불리하다. 때론 자기만의 카리스마를 보여야 한다. 완력이 필요할 때도 있다. 공유 면적과 간판 자리 등 자신의 점포**

앞은 확실히 확보하는 게 좋다. 평소 건물주 측과 점주들 여럿을 내 편으로 만들어야 한다. 맛있는 것도 나눠먹으면서 함께 살아가는 방법을 터득해야 편하게 장사할 수 있고 살아남을 수 있다.

06

자신만의 특색 있는
상호를 갖자

　오랜 고민 끝에 창업을 결심하게 되면 제일 먼저 무엇을 할 것인지 평소에 하고 싶었던 일에 대한 계획을 1차로 세운다. 2차로 어디서 할 것인지 상권 분석을 한 후 입지를 선택하고, 3차로 어떤 상호를 걸 것인가를 고민하게 된다.

　상호는 그 집의 첫인상이기에 신중하게 결정해야 하고 무엇을 전문으로 하는지를 분명하게 나타내야 한다. 사실 필자의 경우에는 상호 하나 지을 때도 수많은 문장을 구상해보고 유사 업종과 비교분석도 수없이 해본다. 어떻게 하면 나만의 특별한 이름으로 손님들이 한 번 보고도 나의 마음을 읽을 수 있도록 할 수 있을까 하고 많은 고민을 한다. 그렇게 결정된 상호를 벽에 붙여두고 매일 보면서 상상을 해본다. 그리고 더 좋은 상호가 떠오르면 함께 올려놓고 고민하다가 가게 인테리어 할 시점에 최종 결정을 하고 OK 사인을 내린다.

그런데 우리 주변 식당 간판을 자세히 보면 참 한심한 상호들을 많이 볼 수 있다. 식당 상호는 어떤 음식을 전문으로 하느냐에 따라 잘 지어야 하는데 장난삼아 상호를 지은 것 같은 곳도 많다. '지리산', '엉터리', '야웅' 등등 일일이 다 열거할 수도 없는데 도대체 무슨 뜻으로 그런 상호를 지었는지 알 수가 없다. 그 뜻을 본인만 알지 손님들은 전혀 알 수가 없고 저 식당이 무엇을 전문으로 하는 집인지도 쉽게 파악이 안 된다.

상호 만큼 간판 글자도 중요하므로 규격, 사이즈, 글자 모양, 간판 바탕색과 글자 배색 등을 짜임새 있고 특색 있게 만들어야 한다. 성공한 가게들의 간판을 들여다보면 간판의 크고 작은 것은 따지지 않고 어떻게 하면 제대로 된 상호와 간판을 달 것인가만 신경 쓴 것을

알 수 있다. 남들이 '딱' 봤을 때 '확' 와 닿는 특별한 뭔가를 전달해야 하고, 글자도 자기만의 개성이 담긴 글씨체를 만들어야 한다. 글자 한 자, 한 자가 품위 있고 그 집 음식과 일치하면서 끌리는 간판을 달아야 한다.

필자는 습관적으로 주변의 간판들을 유심히 본다. 간판의 구도, 사이즈, 글자 형태, 상호, 색깔, 실내의 메뉴판과 메뉴들. 이것들만 봐도 전문성과 비전문성이 보이며 성공, 실패가 어느 정도 가늠된다. 많은 돈을 투자하고 어려운 고민 끝에 창업한 내 사업체의 성공을 바라는 간절함이 상호와 간판에 잘 묻어나게 만들어야 한다. 그러기에 상호는 보물을 다루듯 신중하게 결정하길 바란다.

07

오픈 준비 요령

심사숙고하여 상가 점포를 계약했다면 이미 업종은 머릿속에 준비된 상태일 것이다. 그렇다면 이제 실전을 위한 본격적인 오픈 준비에 들어갈 차례. 점포 평수에 따라 달라져야 하지만 통상적인 준비는 별반 다를 게 없다. 지금부터 어디에서 가르쳐주지 않았던 오픈 준비 과정의 알짜 정보를 알려주겠다. 피가 되고 살이 될 이야기이니 꼼꼼히 밑줄 치면서 체크하길 바란다. 가게 실평수가 25~35평일 경우를 예로 들어 살펴보면 다음과 같다.

첫째, 전기는 30kw 정도가 필요하다. 전기를 확인하여 10kw 정도가 들어와 있다면 추가 20kw 정도를 증설해야 한다. 전기공사업체나 한선에 요정하면 즉시 해준다. 비용은 얼마 들지 않는다.

둘째, 상하수도가 중요하기 때문에 먼저 체크한다. 특히 하수도관이 잘 되어 있는지 꼭 확인해야 한다. 오폐수 처리까지 꼭 확인할 것!

셋째, 가스 문제다. 도시가스면 좋은 상태고, LPG면 후미진 곳에 LPG 저장소를 설치해야 하기 때문에 건물주와 상의하여 설치 장소를 미리 결정해둬야 한다.

넷째, 닥트는 어디로 뽑을 것인지를 가게 구조를 보면서 결정해야 한다. 주방 뒤편 또는 주방 앞면으로 뽑아야 하고 옆 가게와 위층 거주민들에게 피해가 가지 않도록 잘 살펴서 설치해야 한다.

다섯째, 중요한 것이 주방 배치다. 건물 또는 가게 구조에 따라 한쪽 구석으로 할 것인가, 중앙 뒤쪽으로 할 것인가를 많은 고민과 상상을 동원하여 잘 결정해야 한다. 주방 위치가 결정되면 내부 구조를 설계한다. 이건 간단한 문제가 아니기 때문에 한 번에 끝내지 말고 설계 1안을 그려보고 설계 2, 3, 4… 10안 이상 계속해서 그려봐야 한다. 왜? 식당에선 주방이 그 가게의 컨트롤타워 역할을 하기 때문이다. 주방에서 손님이 나가고 들어오는 걸 모두 파악할 수 있어야 좋고, 좁은 주방 안의 동선이 착오 없이 시스템화되도록 설치되어야 신속정확하게 일처리가 된다.

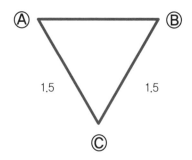

주방배치는 앞 그림처럼 동선을 둬야 하는데 Ⓐ는 주방장 자리로 불을 중심으로 레인지와 작업대를 설치하여 끓이고, 볶고, 데우고 하는 곳이며 재료를 썰고 만들어 최종적으로 내놓는 곳이다. Ⓑ는 주방 찬모 자리로 작은 레인지를 이어 싱크대, 냉장고 등 내·외부작업장까지 움직일 수 있는 공간이다. 재료를 다듬고 손질하여 냉장고에 넣고 빼내기 좋게 하고 낮은 레인지에서 삶고 끓여 준비한다. 주방장이 최종 마무리하도록 준비해주는 곳이며 빈 그릇이 한꺼번에 들어와도 처리가 쉽게 배치되어야 한다. Ⓒ는 경우에 따라서는 실장이나 찬모가 그 자리를 대신할 수도 있는 곳으로 음식이 나가고 들어오는 것을 관장한다. 먼저 온 손님과 수를 파악하는 데 좋고 홀 전체 흐름을 보면서 음식 나가는 속도를 컨트롤하게 된다. 그래야 아무리 손님이 많이 몰려와도 꼬이지 않고 물 흐르듯 잘 돌아간다.

가게 30평의 경우 주방 평수는 업종에 따라 달라질 수 있겠지만 대체로 약 8평 정도가 적당하다. 가상 속에서 주방 집기를 설치해본 다음 최종 결정이 내려지면 인테리어를 하는데 홀과 주방을 분리하여 일부 칸을 막고 앞 받침을 만들어놓고 시작한다. 상하수도 배관 연결을 정확하게 설치한 후 주방 바닥을 방수처리 한다. 주방 바닥 방수는 두 번, 세 번 강조하지만 완전무결해야 한다. 주방 바닥이 마무리되면 가스 배관 공사, 후드와 닥트까지 설치한다. 주방 동선은 각자 제 위치에서 돌아서면 모든 걸 할 수 있는 위치가 가장 좋다.

홀 콘셉트는 각자 취향에 따라 결정하는데, 손님이 가게 안으로 들어오면 모든 시선이 메뉴판과 주방 쪽으로 집중되게 만들어져야 하고, 메뉴는 구체적이고 간결하게 보여야 한다. 여기서도 팁을 하나 드리자면 대표 메뉴, 즉 우리 집의 전문 메뉴 한 가지는 분명하게 알 수 있도록 메뉴 제일 상단에 부각되어 있어야 한다. 그 대표 메뉴 한 가지에 선택과 집중을 하면 분명 좋은 결과가 있으리라 생각한다.

08

작은 돈으로
인테리어하기

갑자기 TV 매스컴을 타고 돈 좀 벌었다 하면 바로 가맹점 사업을 하는 경우가 많다. 그런데 본점을 방문해보면 인테리어도 없이 옛날 그대로 장사하여 돈을 벌었으면서 가맹점 사업만 하면 지점에 인테리어를 잔뜩 처바르는 것을 볼 수 있다. 가맹점 사업을 하려면 1호점이 모델이 되니 본보기로 보기 좋게 인테리어를 해줘야 100호, 200호까지 나가고 그게 또 돈이 되기 때문에 그렇게 하는 것이다. 그런데 그래놓고 만약 장사가 안 되면 다 뜯어내야 한다. 낭비도 그런 낭비가 없다.

필자도 외식 가맹점 사업을 하기 위해 오래 전에 모 대학에서 하는 프랜차이즈 교육을 받은 적이 있다. 그러나 필자의 경험과 수도 없이 외식사업장을 관찰한 결과로 볼 때 사업 성공에 있어 인테리어는 그리 중요하지 않다. 성말 오랜 세월 손님외 큰 사랑을 받고 있는 가게들을 보면 고급 인테리어 無, 위생 無, 서비스 無다. 그래도 잘 된다.

필자는 음식 사업도 경영이라고 본다. 경영주는 어떻게 하면 본인의 브랜드와 아이템 메뉴를 세트로 규격화하여 멋지게 팔아먹을 것인가를 고민해야 한다. 그게 제일 중요하지 다른 게 중요한 게 아니다. 요리 잘한다, 인테리어가 어떻다 하는 것은 산 전체를 보지 못하고 한 골짜기만 보고 평을 하는 격이다.

앞으로 개인 사업, 특히 외식 창업은 정말 살얼음판을 걷고 전쟁터에 뛰어드는 심정으로 해야 한다. 진정한 훈련이 된 후에 도전해야 쉽게 실패하지 않고 기본적인 현상 유지를 할 수 있다. 큰 성공이 아니더라도 최소한 실패하지 않아야 꿈이 생기고 2차 도전정신도 생기는 것이다. 그런 의미에서 초기 창업 시 인테리어는 창업자 본인이 발로 뛰면서 하나하나 찾아서 투입시켜 최소 비용으로 스타트하기를 추천한다.

예를 들어 식당 30평을 임대 계약했다면 우선 머릿속으로 어떤 콘셉트로 갈 것인가를 그려본다. 그 다음 만약 천정과 벽면 일부를 칠할 생각이라면 직접 칠 가게의 견적을 받는다. 벽면 일부와 문 등에 목재가 필요하다면 인테리어 목공 가게에서 견적을 받아보고, 바닥 타일은 타일 가게, 조명은 조명 가게를 방문하여 예쁜 걸 골라놓고 각 분야별로 분리시켜 견적을 받아본다. 그렇게 받은 견적 중에서 합리적인 가격을 제시하는 곳의 전문기술자를 투입하면 인테리어 업체 한 곳에 다 맡기는 것보다 비용을 3분의 1 정도 절감할 수 있을 것이다. 직접 견적을 받아서 따로 맡기는 것이 생각만큼 그리 복잡하지도 어렵지도 않다. 또한 그 과정에서 배우는 것도 무척 많다.

요즘 사람들은 조금만 복잡해 보이면 머리 쓰기 싫어하고 배울 생각을 아예 하지 않는다. 그래서 그냥 인테리어 업체 한군데에 죄다 맡겨버리는 일이 다반사다. 하지만 조금만 속 깊게 준비한다면 인터넷에서 대기 중인 모든 분야의 자재와 기술자들을 쉽게 찾을 수 있어서 웬만한 가게 인테리어쯤은 식은 죽 먹기로 할 수 있다. 돈 얼마 안 들이고 나만의 스타일로 멋진 가게를 만들어보자.

09

장사 잘하는
경영주가 되어라

식당 창업에서는 아무리 규모가 크고 좋은 가게라도, 또한 요리를 잘 한다 하더라도 경영을 제대로 못하면 실패하는 건 시간문제다. 우리 주변에서 단독 건물의 큰 식당이 어느 날 보면 그 주변 조그만 가게한테 도리어 집어 먹히는 경우를 부지기수로 본다. 물론 무슨 장사든지 경영이 절대적이라 할 수 있다. 경영을 제대로 못하면 망하니까.

그렇다면 운영을 잘한다는 것은 무엇을 의미할까? 결국 한바탕 막 퍼주는 장사꾼이 아닌 마음 사업을 하라는 것이다. 외식사업은 나와 손님 사이에 신뢰를 바탕으로 한 약속이라고 생각한다. 손님이 무엇을 원하는지, 또 무엇에 불만이 있고 만족해하는지를 업주는 빨리 찾아내어 더욱 잘해드리겠다는 무언의 약속이 이루어져야 한다. 늘 자신이 팔고 있는 모든 메뉴에 대해서 철저한 검증이 있어야 하고 혹독한 평가도 따라야 하는데, 이 모든 것을 업주 본인이 찾아내어 해결해야 한다.

대부분의 사람들이 "나는 열심히 잘하고 있는데 무슨 소리냐?"고 하는 것을 보게 된다. 그런 분들에게 꼭 해주고 싶은 말이 있다. 외식사업은 한 번 차려놓으면 끝나는 게 아니다. 창업의 시작은 마라톤으로 보자면 이제 막 출발선을 통과한 상태라는 것을 명심하길 바란다. 식당 사업도 끝없이 연구하고 공부해야 하며 잘 되는 가게를 수시로 다녀보면서 장단점을 파악해야 한다. 신규 출점하는 가게도 찾아가 현재의 트렌드를 읽어내고 좋은 점은 빨리 받아들여 나의 것으로 만들어야 한다.

한 번 정한 메뉴는 죽이든 밥이든 승부를 걸어야 한다. 메뉴를 늘리거나 바꾸는 것, 상호를 바꾸는 것도 망하는 길임을 알아야 한다. 결국 처음 결정한 업종에 모든 걸 걸고 미쳐야 한다. 줄 서는 가게의 좋은 점은 무한대로 받아들이고 본인 가게에 대해서는 혹독한 '검증꾼'이 되어야 손님이 인정해준다. 다시 한 번 강조한다. 외식경영도 결국 마음 사업이며, 수년간의 신뢰가 쌓여야 하는 시간 싸움이다.

여러분은 사장님 자리가 무엇이라 생각하는가? 사장이 되니 겉으로는 그럴싸하고 좋아 보이지만 외식사업에서는 가게를 여는 순간 최말단으로 돌아가 손님과 직원에게 모든 서비스를 다하고 가게의 궂은일은 전부 다 하는 자리가 바로 사장의 자리다. '이제 내가 사장이니 내 맘대로 한다.' 그렇게 생각한다면 그 가게 앞날에 희망은 없다.

외식 창업을 준비하는 분들은 분명 마음가짐부터 훈련이 필요하다. 본인만의 각오 하나는 세우고 장사를 시작해야 한다. 나를 버리고 이 가게와 손님을 위하겠다는 마음, 특히 직원들이 가게를 죽이고 살릴 수 있기 때문에 직원들의 마음을 어떻게 하면 얻을 것인가 하는 마음가짐을 뼛속까지 새기고 있어야 한다. 그래야 직원들은 사장의 마음을 읽고 내 가게처럼 아끼고 손님에게 더 친절한 미소를 보내게 된다.

기술적인 문제로 보면, 직원 3명만 있어도 서로 싸우고 한 사람을 따돌리는 일이 종종 발생한다. 주방팀과 홀팀 간에 의견 충돌 등 무수히 많은 일이 일어난다. 사장의 역할이 그래서 그만큼 중요한데, 이 모든 걸 조율하고 소통하도록 만들어줘야 하고, 그들의 고민과 애로사항을 살필 줄 알아야 매장이 정상적으로 돌아가게 된다.

재료를 받아 음식을 준비하고 나오기까지 수도 없는 과정을 반복하는 주방 사람들에게 사장은 늘 감사하는 마음을 가져야 하고, 그러한 마음을 말로도 표현해야 한다. 음식을 만들어내는 이의 정성이 그대로 손님에게도 전달된다. 직원들의 건강과 복지 문제도 항상 신경 써야 한다. 쉬는 날도 잘 챙겨야 하고 경영을 하는 동안 그들의 삶의 질까지 책임져야 한다는 각오가 되어 있어야 진정한 사장이라고 할 수 있다.

사장은 손님의 동태도 늘 관찰해야 한다. 간혹 자리 문제와 옆자리 소음 문제, 아이들이 뛰어다니는 문제 등으로 즐거운 식사시간이 엉망이 될 수가 있기 때문에 점심시간이 시작되면 정신을 바짝 차리고 홀과 주방의 흐름이 일사천리로 진행되고 있는지 살펴야 한다. 손님

들 간에 기분 나쁜 일이 혹시 생길 수도 있으니 관찰하고 문제가 생기면 신속히 해결해야 한다. 좌탁일 경우에는 신발 문제도 철저히 해야 사고 없이 무사히 점심시간이 지나간다.

사장이 할 일 중 중요한 또 하나는 재료를 구입하는 일이다. 업주는 재료만은 아주 까다롭게 구입해야 하고 불시에 재료 하나하나 철저히 검사를 해야 한다. 한 예로, 고춧가루를 보면 주로 'ㅇㅇ농산'이라는 표시가 된 양념류를 가져오는데, 솔직히 어디서 어떻게 재료가 섞여 오는지 하나도 믿음이 안 가는 게 사실이다. 그냥 주는 대로 받지 말고 항상 꼼꼼히 따져야 한다. 그 대신 재료값은 깎지 말고 즉시 지불해야 한다.

위생 문제 또한 신경을 써야 한다. 영업이 끝나고 직원들이 퇴근한 후 냉장고와 냉동고의 재료들을 하나하나 직접 점검하여 유통기한이

지난 재료는 없는지, 재고 남은 것을 재사용하고 있지는 않은지 직원들 몰래 메모장을 만들어 주기적으로 체크해야 한다.

그 외에 외부와 내부 경영 전반과 옆 가게와의 문제, 주차문제 등 소소한 부분들까지 머리에 정리되어 있어야 사장으로서 그 소임을 다하고 있다고 할 수 있다.

10

재료 구입은
이렇게 하라

점포를 계약하고 인테리어를 할 무렵 'ㅇㅇ식당 오픈 예정'이라고 쓴 임시 현수막을 걸어두면 재료 도매상에서 많이들 연락이 온다. 잘 모른다고 무턱대고 그들의 말만 믿지 말고 하나하나 따져봐야 한다. 식자재 중에는 주변에서 쉽게 구할 수 있는 재료가 있는가 하면 구하기 어렵고 까다롭게 구입해야 할 것들도 있기 때문에 이런 부분에 대해서 미리 파악하고 있어야 한다.

고춧가루의 경우 식재료를 가져오는 곳에서 대부분 쉽게 구해 사용하지만 고집스럽게 영업하는 곳들은 농협 식자재 마트에서 직접 구입한다. 또 지방산지 1~2곳 정도를 선정하여 제철 때 미리 돈을 주고 수시로 택배로 받아 사용하면 믿고 사용할 수 있다. 콩도 마찬가지로 콩 수확기에 지역 농협을 통해 미리 많이 확보하여 1년 내내 사용하는 집도 많다.

앞에서도 언급했듯이 배달해주는 거래처만 쳐다보지 말고 직접 조

달도 많이 해봐야 좋은 재료를 선별하는 안목이 생긴다. 매일 들어오는 주재료는 경영자의 눈과 간섭이 없으면 물건이 엉망으로 사입되는 경우가 많다. 그래서 거래는 철저하게 하고 수시 점검이 필수다. 수산물의 경우 옆에서 보고도 속을 수 있기 때문에 믿으면 큰 코 다친다. 어떤 식당은 쌀을 가게 안에 많이 쌓아두는데 이 방법은 아주 잘못된 선택이다. 쌀은 그날그날 갓 찧은 걸로 소비할 만큼만 가져오도록 해야 한다. 자루에 담아오는 쌀은 묵은 쌀이 섞여 올 수 있어서 약간 의심을 해야 한다. 부식 재료 중 채소류는 채소 가게 떨이로 가져오면 많이 절약된다. 고기류는 가능하면 바로 작업한 고기를 매일 가져오도록 해야 신선하다.

결론적으로 거래처와는 돈독한 관계를 만들고, 한편으로는 조금씩 직접 구입하여 안목을 넓히는 것이 좋은 식자재를 구입하는 비결이다.

11

마케팅을 잘해야
성공이 보인다

　무슨 장사든 '맛난 마케팅'을 해야 손님이 찾아온다. 경영에서 마케팅은 꽃이라고 하지 않는가. 내가 아무리 값비싼 금송아지를 가졌다 할지라도 팔아먹지 못하면 소용없는 돌과 같은 것이다. 창업에서 마케팅을 빼고 장사를 한다는 것은 앙꼬 없는 찐빵이나 다름없다. 필자는 창업하는 많은 사람들이 장사만 벌려놓고 영업도, 마케팅도 안중에 없이 하루하루 하늘만 처다보고 있는 것을 보면 무슨 생각으로 장사를 시작했는지 한심스러운 생각이 든다.

　잘 나가는 기업들을 보자. 우리들은 매일 TV에서 삼성, LG, 현대자동차 등 대기업들의 광고를 계속 보는데, 기업들은 우리가 그 브랜드를 몰라서 비싼 광고료를 내고 지속적인 광고를 하는 것일까? 아니다. 단순히 이름만 알리는 광고라면 많은 돈을 들일 필요가 없을 것이다. 이미 유명하니까. 하지만 대기업은 사업에 있어 프로들이기에 마케팅의 중요성을 누구보다 잘 안다. 그렇기 때문에 눈만 뜨면 끝없는 광고 전쟁이다.

개인 자영업자도 수익에서 최소 10~20%는 마케팅에 투자해야 어느 정도 성공이 보인다. 또한 창업 초기 3개월은 모든 역량을 마케팅에 집중해야 그 가게가 올바르게 자리를 잡는다고 볼 수 있다. 요즘 외식사업은 창업 시작부터 스마트폰이 성공과 실패의 반은 결정한다. 이 말이 무슨 말이냐면, 스마트폰으로 SNS를 잘 운용하면 대박 길로 가는 식당이고, 스마트폰을 접수하지 못하고 시작하는 창업자는 아무리 노력해도 고행 길이다.

최근 오픈한 메밀소바가게를 예로 공부 한 번 해보면, 그 가게는 오픈 무렵 스마트폰을 활용해 SNS 맛집으로 온통 도배칠갑을 했다. 그 결과 오픈과 동시에 손님이 '만땅!' 우리는 여기서 무엇을 배워야 할까? 과거에는 생각지도 못했던 스마트폰을 기반으로 한 SNS가 지금은 가장 좋은 마케팅 수단이 되었다. 시대의 흐름에 따라 새로운 마케팅 수단을 익히고 활용하는 것이 결국 성공의 지름길임을 알 수 있다. 이밖에도 우리가 잘 모르는 분야에 새로운 마케팅 수단이 곳곳에 숨어있다. 이러한 숨어있는 비밀 마케팅을 찾아서 집중 공부해야 한다.

광고의 내용은 간결하지만 무엇을 전문으로 하고 있는지를 분명히 나타내야 한다. 두루뭉술한 내용과 글자가 많은 광고는 가능하면 피하는 게 좋고 누구나 한 번만 보고도 구미가 당기는 광고 내용을 실어줘야 매출로 직결된다.

식당 경영주의 몸은 늘 가게에서 장사를 하고 있지만 머리에는 어떻게 하면 남들이 상상도 못하는 영업을 할 것인가에 대한 생각을 항

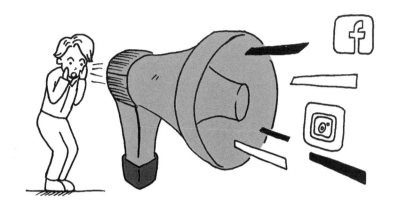

상 가지고 있어야 한다. 이러한 마인드 훈련이 되어 있다면 아무리 큰 어려움이 닥쳐도 충분히 헤쳐 나갈 수 있을 것이다. 전쟁 같은 외식업 세계에 뛰어들었다면 자나 깨나 연구하고 공부하는 것은 필수다. 여기에 마케팅을 하느냐 안 하느냐에 따라 내 가게를 성공한 가게의 반열에 올리고 내릴 수도 있음을 명심하자.

12

직원 채용과
관리에 신중을……

음식 장사도 결국 사람이다. 예전에 삼성 이건희 회장이 인재 1명이 20만 명을 먹여 살린다고 말한 적이 있다. 전적으로 동감한다. 훌륭한 인재를 뽑아서 적재적소에 잘 배치하면, 그리고 그 분야의 최고의 실력자를 찾아서 잘 관리한다면 아무리 어렵다는 음식 장사도 성공할 수 있다.

10년 전 제주 별장에서 알고 지내던 한 분의 스토리다. 결혼 후 작은 트럭으로 채소 장사를 다녔는데 겨울이라 장사가 안 되었다. 마침 그분이 세 살고 있던 주택 지하에 작은 뷰티 사업 공장이 있어서 부부가 취업을 하게 되었다. 그리고 일을 잠시 했는데 공장이 어려워 월급이 수개월째 밀리자 부부는 밀린 월급을 포함해 돈 얼마를 주고 사업체를 인수해버렸다. 그렇게 새롭게 사업을 시작하게 되었는데, 직원이래야 부부까지 총 5명. 그 분야에 대해서 아무것도 모르고 사업을 하자니 사장 혼자서 아무리 연구해도 안 되었다. 그래서 대학

화학공학과 출신의 인재 2명을 확보하고 1년간 죽자고 연구했다. 그렇게 매니큐어 샘플을 만들어 화장품 회사에 돌렸는데 한 곳에서 연락이 와서 조금씩 납품을 시작했다. 그런데 그 제품이 입소문을 타면서 다른 굴지의 화장품 회사에서도 납품 요청이 들어왔다. 그렇게 몇 년 만에 직원 수 100명 이상에 매달 순익 5억 원대의 회사로 성장했고, 지금은 훨씬 더 큰 기업으로 발전했다. 결국 확실한 인재 1~2명이 엄청난 결과를 만들어낸 것이다.

삼성전자 같은 대기업도 마찬가지다. 최고의 인재를 스카우트하고 새로운 두뇌를 키움으로써 오늘날 세계 초일류 기업이 될 수 있었던 것이다. 결국 모든 조직의 승패는 사람에 달려있다. 규모는 작을지 모르지만 음식점이라고 다르지 않다. 사장은 스포츠에 비유하면 감독의 역할을 하는 사람이다. 아무리 훌륭한 감독이 있는 팀이라도 선수들이 제대로 받쳐주지 않으면 경기에서 이길 수 없다. 그와 마찬가지로 식당 사장이 모든 것을 안다고 해서 성공하는 것은 아니다. 유명한 주방장 출신들이 직접 음식점을 경영해서 실패하는 경우가 더 많다. 그 이유가 뭘까? 감독은 직접 현장을 뛸 수 없다. 대신 그 분야의 훌륭한 인재를 뽑아서 머리가 아닌 가슴으로 소통하고 잘 관리함으로써 지속적인 발전을 이루어나갈 수 있다.

어쨌든 '인재 경영' 같은 거창한 말이 아니더라도 사장이 모든 걸 다 할 수는 없기 때문에 직원 채용이 무엇보다 중요하다. 요즘은 가족끼리 하는 사업장도 무척 많다. 사람 구하기도 힘들고 그게 속편하기 때문이다.

이 시대는 장사도 어렵지만 인력 구하기는 더 어렵다. 특히 홀서빙

할 사람을 구하기는 하늘의 별 따기처럼 힘들다. 홀서빙이 일하는 시간은 길고 재미도 없다는 인식이 깔려있기 때문인 듯하다. 점점 갈수록 월급도 올라간다. 홀에서 일하는 한국 분이라면 월 250만 원에 4대 보험, 수당, 식대, 퇴직금은 기본이고 월 5~6회는 쉬게 해줘야 한다. 1년에 1번 정도는 해외여행까지 간다. 여기다 2~3년 지난 분은 월급이 더욱 많이 올라간다. 10년 이상 된 주방장이라면 계약조건에 따라 상당한 금액을 줘야 하고 주방찬모의 경우도 만만치 않다.

상황은 이렇지만 규모가 있는 식당은 장사 좀 된다 싶으면 3~5년에 1번씩 세무조사를 나와 싹쓸이 해간다고 보면 틀림없다. 그래서 외식사업 잘못하면 패가망신 수준으로 쫄딱 망한다. 필자가 늘 공부, 공부 하는 것도 이렇게 위험한 장사이기에 철저한 전략이 필요하다는 것을 강조하기 위해서다.

13

세프와 찬모에게
정성을······

우선 주방장을 확실하게 내 사람으로 만들어놓고 지시를 해야 하고 급료도 후하게 줘야 한다. 가게 전체의 권한을 주고 힘을 실어주는 것도 방법이다. 장사가 잘 된 주말 같은 날에는 기분 좋게 수당도 지급하고, 그런 다음에 이상한 짓 못하게 엄하게 단속하는 것도 잊지 말아야 한다. 또한 주방과 홀 모두와 소통하고 잘 어우러지게 여건을 만들어주도록 한다.

그래도 경영주는 주방장의 행동을 면밀히 관찰하고 혹 직원들 입에서 이상한 이야기가 돌면 즉시 조치를 취해야 정상적으로 돌아간다. 주방장이 문제를 일으키는 경우도 허다한데, 그 가게의 모든 일과 노하우에 대한 정보를 스마트폰으로 바로 다른 곳으로 빼돌리는가 하면, 일 잘하는 직원들을 죄다 자기 사람으로 만들고는 데리고 나가기도 한다. 채소 등 재료 가져오는 곳과 짜고 주인을 속일 때도 있고 주인이 근무 안 하는 날에는 성의 없는 음식을 내놓아 가게 명성에 흠집을 내기도 한다. 이런 일이 생기지 않도록 미리 잘 살피고 단속해야 한다.

식당 사업에서 찬모는 그 집의 살림살이를 책임지는 엄마 역할을 한다. 재료 살피는 일부터 양념류 선택, 맛내기까지 그 위치는 상당히 넓고 중요하다. 제대로 된 식당이라면 찬모의 중요성을 알기에 업주도 마음대로 간섭하기 힘들다. 자칫 찬모와 갈등이라도 생기면 잘 되던 식당도 망하는 수가 있다. 그만큼 찬모의 힘이 세다.

음식 솜씨 있고, 김치 맛있게 담고, 재료 관리부터 직원들 맛있는 식사까지 잘 해주는 찬모분이 왔다면 그 가게는 복덩어리가 굴러온 것이다. 경험상 이런 분을 구한 집은 본격적으로 장사도 잘 되지만 그 한 분이 2~3명 몫을 해내기 때문에 큰 힘이 된다. 그래서 경영주 입장에서는 꼭 필요하고 도움도 많이 받지만 두려움도 있는 관계다. 어느 날 갑자기 다른 곳으로 갈 경우 그 가게로서는 치명타가 아닐 수 없다. 그래서 중요한 찬모를 어떻게 하면 내 사람으로 만들어 열정적으로 가게를 위해 일하게 할 것인가 고려하면서 견제도 함께 해야 하는 것이 경영주의 고민이다.

팁을 주겠다. 첫째, 우리 가게의 중요한 역할을 담당하는 찬모에게는 진심으로 잘해줘야 한다. 즉, 이 가게는 당신과 함께하겠다는 마음을 담아 특급 대우를 해준다. 딴 마음을 못 먹게 원천봉쇄해야 하고 그분이 가지고 있는 모든 역량을 쏟아 부을 수 있도록 한다. 둘째, 나의 수족 한 분을 찬모 보조로 투입시켜두고, 수당을 많이 드리고 쉬는 날도 많이 만들어준다. 그렇게 몇 개월만 지나고 나면 그 찬모의 노하우는 자연스레 경영주의 손에 모두 들어오게 된다. 결국엔 찬모도 눈치 채겠지만 힘이 적당히 빠진 상태이기 때문에 경영주 입장에서는 마음 편하게 장사할 수 있다.

물론 가장 좋은 방법은 경영주가 주방장이나 찬모를 대신할 수 있을 정도로 모든 기술을 습득하는 것이다. 그러나 처음 음식 장사를 계획하면서 요리도 배우고, 음식점 경영도 배우고, 모든 걸 다 배워 시작하기엔 시간이 너무 많이 걸린다. 설사 본인이 이것저것 다 배웠다고 생각하고 막상 창업을 해보면 무엇 하나 제대로 할 줄 아는 게 없는 병아리에 불과하다. 그래서 필자는 이렇게 코칭하고 싶다. 요리 기술도 좋고, 경영 기술도 중요하지만 단 하나 본인만의 간절한 열정, 불굴의 끼만 있다면 과감히 도전하라는 것이다. 모든 것을 다 갖춘 후 창업하는 사람도 없고 그렇게 할 수도 없다. 단, 필요한 기술은 창업한 후에 반드시 익히도록 한다.

음식 장사를 할 때 경영주 자신이 기술이 없으면 늘 불안하다. 주방장과 찬모에게만 의존하면 처음 본인이 구상했던 색깔도 낼 수 없고 여러 가지로 불리하다. 물론 많은 세월이 흘러 완전히 체계가 잡힌 가게라면 별 걱정 없겠지만 장사를 하다 보면 주방장과 찬모가 수시로 바뀔 수 있다. 그럴 때 경영주에게 아무런 기술이 없으면 일시적으로 어려움이 생긴다. 그래서 업주 스스로 자신이 하고 있는 분야는 확실히 기술을 터득해줘야 한다. 그래야 만일의 경우 대비가 가능하고 주방장, 찬모에게 휘둘리지 않는다.

이제 어떻게 하면 단시일 만에 주방의 모든 기술을 터득하고 홀 운영도 완전 숙지할 수 있는지 공부해보자. 사실 처음 음식점 창업을 해보면 주방장이나 찬모가 업주의 주방 출입을 싫어하는 경우가 많고, 주방장이 쉬는 날은 찬모가 주방 전체를 커버하고 찬모가 쉴 때는 주방장이 모든 걸 대신하는 구조로 대부분 짜여 있다. 따라서 주방장과 찬모가 쉬는 날을 경영주는 십분 활용해야 한다. 즉, 주방장이 쉴 때 주방 일손이 부족하게 만들어놓고 업주가 어쩔 수 없이 주방에 임시 찬모 보조로 투입되도록 하는 것이다. 찬모가 쉴 때도 그렇게 투입되는 구조로 만들어둔다. 보충 인력을 구할 때까지 그렇게 하다 보면 자연스럽게 주방에 자주 들락거리게 되고 기술도 금방 터득하게 된다. 대신 주방장이나 찬모 1명이 하루 일을 잘 마무리하는 날은 필히 차비조로 팁을 몰래 주는 것도 요령이다.

홀도 마찬가지다. 기술을 가진 분들에게는 죄송한 일이지만 경영주 입장에서는 이렇게라도 빠른 시일에 주방 일과 홀 일을 터득해야 주도권도 가져올 수 있다. 그것이 원만하게 사업을 하고 자신감도 생기는 길이다.

14

직원들을 섬겨라

　식당을 움직이는 사람을 보면, 작은 식당 하나 경영하는 데도 경영주 외에 주방과 홀이 팀을 이뤄 꾸려나가는데 주방과 홀에 2명만 두어도 수시로 다툼이 생기고 불협화음이 끊이지 않는다. 하물며 주방에 3명, 홀에 2명 정도 근무하는 가게라면 2명만 두고 운영할 때보다 2배, 3배 이상 더 많은 다툼이 생긴다. 일이 힘드니까 그럴 테지만 매일 직원 간에 충돌이 일어난다고 보면 된다. 언제나 주방은 주방팀끼리 뭉치고 홀은 홀팀끼리 뭉치는데 여기서도 저녁 퇴근 후 술을 잘 먹는 사람과 안 먹는 사람으로 각각 뭉치고 흩어진다. 그래서 경영주의 역할이 정말 중요하다. 경영주를 대신해 지배인이나 점장이 직원 관리를 한다면 더더욱 직원 교육에 대한 마인드가 확실히 잘 되어 있어야 한다.

　홀팀은 어떻게 관리해아 할까? 손님은 홀 직원을 대하면서 서비스가 좋다, 나쁘다 느끼고 돌아간다. 좋은 쪽을 보면 경영주의 마인드가 열려 있어 직원들에 대한 처우가 좋다. 급료가 빵빵하고 충분히 쉽게 해주며 분위기나 먹거리 등도 잘해준다. 메뉴 하나도 서로 소통하여 결정된 것으로 간다. 나쁜 쪽을 보면 소통이 없고 처우도 안 좋다. 무엇 하나 경영주가 직원들에게 잘해주는 것이 없다. 이렇게 되면 홀끼리 짝짜꿍이 되거나 끼리끼리 뭉쳐서 시기하고 질투하면서 꼭 한 사람을 따돌린다. 새로 들어오는 직원을 못살게 굴어 얼마 못 가 그만두게 만들기도 한다. 매장의 모든 것을 알아내고는 주인과 맞선다. 그래서 경영주는 직원들의 성향을 파악하여 견제와 조화, 채찍과 당근을 적절히 사용해야 한다. 홀 직원 한 명을 꼭 나의 심복으로 만들어둬야 직원들의 불만을 알 수가 있고, 직원들끼리도 조화로운 '밀당'을 시켜야 서로 견제해나갈 수 있다.

최고의 상책은 직원들을 상하 관계가 아닌 가족 관계처럼 대하는 것이다. 또는 나를 돈 벌게 해주는 특별한 사람으로 대우해줘야 한다. 성공적인 경영의 핵심은 경영주의 능력이지만 실질적으로 그 일을 완수할 수 있도록 하는 것은 직원들이고 그들이 돈을 벌어준다. 옛날에는 '손님이 왕이다'라는 말을 많이 했는데, 지금은 '직원들이 왕'이다. 주인 돈 벌어주는 사람이 진정한 대접을 받아야 한다.

그렇기 때문에 경영주는 직원들을 가족으로 생각하고 건강한 먹거리와 필요에 따라서 양질의 잠자리를 제공해야 한다. 모르는 사람들은 "뭐, 식당인데 먹을 거 많겠지."라고 말하겠지만 실정은 정반대다. 한마디로 경영하는 사람이나 직원이나 현재 팔고 있는 음식은 잘 안 먹게 된다. 이유는 간단하다. 매일 접하는 음식이다 보니 냄새부터 질려서 당기질 않는 것이다. 그래서 최소한 2끼 식사는 팔고 있는 메

뉴와 반대되는 재료를 구입하여 직접 조리해 먹어야 힘이 난다. 또한 휴식시간에 간식도 준비해줘야 하고 직원들의 애로사항도 수시로 체크해야 한다.

어떤 경영주는 먹는 것도 대충 먹고 인색하게 구는데 이렇게 장사하면 오래 못 가 망한다. 이유 불문 경영하는 이나 직원 모두 먹는 것하나는 무조건 잘 먹어야 한다. 그래야 힘도 나고 주변의 식당 직원들의 귀에까지 이야기가 들어가 그 집에서 일하고 싶은 생각이 들게된다. 여기에 급료도 빵빵하게 주고 필요한 경우에 좋은 잠자리까지일부 제공한다면 직원들은 사장에게 충성하고 손님들에게 밝은 미소로 서비스하며 춤을 출 것이다.

15

돈이 되는 전략

식당 사업은 한마디로 무지 힘들다. 오랜 시간 아무리 많은 일을 해도 수당도, 보너스도 없고 퇴직금도 없다. 실패할 확률도 무지 높다. 혼자 스스로 모든 걸 감당하고 책임져야 하는 사업이다. 오로지 한 가지 목표 '돈'을 많이 벌어야 보상이 된다. 남과 같은 방법으로 경영을 한다면 애당초 돈 많이 벌기는 불가능하며 본인만의 특별한 장사를 해야 한다.

그 특별함은 어디에서 찾아내야 할까? 외식사업에도 본인만의 괴짜 같은 통 큰 경영을 해야 한다. 한 번 온 손님은 바로 충성고객이 되게 만드는 절대 고집불통의 정신무장이 되어 있어야 그 가게에 손님이 줄을 서게 된다. 한 번 입소문이 나면 매 분기 손님 숫자는 불어나지만 직원들은 너무 힘들어지고 갈수록 불만이 많아진다. 그러다보면 이직률이 높아지는데 경영자의 입장에서는 직원 관리 문제가 이만저만 고민이 아니다.

이런 고민이 시작되는 때부터 업주는 본격적으로 돈을 많이 벌기 시작한다. 이럴 때일수록 직원 대우를 파격적으로 해줘야 한다. 그래야 직원들은 신바람이 나 춤을 춘다. 또한 재료를 아끼지 말고 더 좋은 재료로 막 퍼주는 전략으로 나가야 한다. 장사가 좀 되니까 음식의 맛과 질이 떨어지고 양도 인색해졌다는 이야기가 손님들 입에서 나오기 시작하면 그 장사는 끝났다고 봐야 한다. 줄서서 먹어도 시간이 아깝지 않다는 생각이 들도록 해야 한다. 외부 주차문제에 더욱 신경을 써 손님을 최대한 편안하게 만들어줘야 한다. 한 번 손님이 몰리기 시작하면 확실한 자기만의 룰을 만들어 놓고 한바탕 신나게 즐기는 사업으로 가야 건강도 잃지 않고 롱런할 수 있다.

그러나 손님은 철새와 같기 때문에 언제 어디로 떠나갈지 아무도 모른다. 필자는 오래 전부터 식당을 운영하는 많은 사람들에게 손님은 철새라고 말해주곤 한다. 왜? 내가 경험했기 때문에. 지금도 주변의 식당들에서 그 변화를 늘 보고 있다. 물론 상권의 변화가 있기도 하고 주차나 진입문제 등으로 손님이 줄어들 수 있다. 그러나 솔직히 말해 단골이라는 것도 옛말이지 인근에 유사한 식당만 생기면 바로 그쪽으로 달려가고 대형 외식 공간이라도 오픈하면 그동안 잘 나가던 가게도 하루아침에 파리만 날리는 가게로 전락하게 된다. 규모가 작고 주차장이 없다는 이유로 오랫동안 닦아놓은 가게가 서서히 쇠락해간다.

필자는 오랜 세월 동안 장사 잘되는 식당 답사 다니는 일을 취미로 해왔다. 그런데 몇 년 전 또는 1~2년 전까지만 해도 손님이 바글바글 하던 식당이 어느 날 보면 텅 빈 가게가 되어 있는 걸 보게 된다. 그냥 대충 보는 사람들은 못 느끼겠지만 필자는 직업적으로 보기 때문에 바로 상황을 직감한다. 근처에 다른 가게가 생기고 매스컴을 탄 가게라도 생기면 손님들이 이쪽으로 우르르 몰려가고, 저쪽으로 또 쏠려간다. 그래서 필자는 손님을 철새로 본다.

20년 전 횟집을 할 때 손님이 차고 넘쳤는데, 어느 날 주변에 번듯한 건물이 생기고 유사 식당들이 생겨나니 지하에 있던 우리 가게는 그 환경 변화를 따라가질 못했다. 내가 아무리 노력해도 손님은 철새처럼 날아가는 걸 실감했다. 외식사업을 구상하는 여러분도 철새처럼 왔다 갔다 하는 손님만 쫓지 말고 환경 변화에 눈과 귀를 열어두고 큰 물결의 상권 변화가 생기면 손님이 그 쪽으로 이동하기 전에 내가 먼저 선점하도록 노력해야 한다.

그렇기 때문에 손님이 최대로 늘어나면 방심하지 말고 그때부터는 다음과 같은 두 가지 방법을 전략적으로 고려해야 한다.

첫째, 가격을 연차적으로 올리는 방법이다. 한 번 올릴 때마다 약 20% 정도 손님이 줄어드는 대신 매출은 똑같아 업주 수익에는 더 유리하다. 무질서는 줄어들고 서비스도 향상된다. 이는 꼭 필요한 방법인데, 가격을 조정하면 나의 경영에도 플러스가 되고 손님의 수준도 높이는 방법이기 때문이다. 이것이 경영의 묘미다. 가격을 그대로 계속 내버려두면 얼마 안 가 새로운 문제들이 생긴다.

둘째, 인근의 넓은 곳으로 가게를 옮기는 것이다. 어떤 분들은 가게를 옮기면 큰일 나는 줄 아는데 그건 좁은 생각이고 큰 장사의 생리를 몰라서 하는 소리다. 진짜 알짜 돈은 이때부터 쓸어 담는 것이다. 식당 사업으로 큰돈을 번 사람들의 대부분은 넓은 가게로 이전한 이후 그 시기부터 더 잘 된 경우가 많다. 그런 사람들은 결국 자신의 건물에서 큰 부자의 반열에 오르는 걸 볼 수 있다.

이밖에도 이 정도 위치의 가게로 올라서면 생명을 단축시키는 매스컴을 멀리하고, 세무회계를 철저히 하며, 위생 문제 또한 늘 관찰하고 신경 써야 한다. 직원들 노무 관계도 확실히 해둬야 한다. 결론적으로 업주는 손님의 고마움을 건강한 음식으로 보답하는 마음을 가져야만 한다. 손님은 그 맛에 행복을 느끼게 되고, 나의 주머니는 늘 돈으로 춤추게 된다. 그래서 식당 장사는 정말 재미있는 사업이다.

16

장사가 안 될 땐 어떻게?

아무리 철저한 계획 속에서 창업을 했다고 할지라도 나의 업종 선택에 실수가 있을 수도 있고 입지 선정이 잘못된 선택일 수도 있다. 상권은 수시로 변하기 때문에 처음 오픈 때는 주차문제 이상 없고 주변 상권도 좋아보였지만 창업 후 얼마 지나지 않아 나의 가게 주변에 비슷한 업종이 계속 생길 수도 있고 주차문제도 더욱 심각해질 수 있다. 이런 경우 수익은 줄고 월세와 관리비만 올라간다.

이럴 때 경험이 부족한 경영주는 심리적으로 무척 힘들고 어렵다. 세월이 가면 갈수록 이러지도 저러지도 못하는 진퇴양난에 빠지게 된다. 사실 수많은 실패자들이 여기서 자멸하고 모든 것을 포기하는 경우가 많다. 그러다 엄청난 손실을 보는 사람들이 부지기수다.

필자는 여기서 세 가지의 선택을 제안 드릴까 한다.

첫 번째로 해볼 일은 본인 가게에서 제일 자신 있는 메뉴 한 가지를 정하여 일시적으로 집중 마케팅을 하는 동시에 '미친데이', 즉 한시적으로 가격 파괴 행사를 갖는 것이다. 한 달 정도 기간을 정해놓고 일주일만 집중해서 해보면 확 달라진다. 무슨 장사를 하던 충격요법은 필요하기 때문에 한 달 정도 하고 끝내야지 길게 끌고 나갈 수는 없다. 이렇게 열심히 해보았는데도 먹히지 않는다면 다음 두 번째로 넘어간다.

두 번째는 업종을 변경하는 것이다. 외식업에서 가장 신중해야 하는 것이 업종 변경과 메뉴 손질이지만, 이왕 업종 변경을 하기로 마음먹었다면 확실하게 해야 한다. 그 지역 정서에 맞는 업종을 철저히 분석하여 변경할 메뉴를 정해야 한다. 그리고 일시적으로 영업을 중단하고 먼저 외부 상호부터 확 바꿔야 한다. 그래야 다른 사람들이 볼 때 새로운 가게가 생겼다는 생각을 하게 된다. 실내 분위기만 살짝 변경하고, 메뉴는 완전 100% 새로워야 하며, 전에 하던 방식보다 좀 더 적극적으로 손님을 응대해야 한다. 마케팅도 다른 사람이 새로 창업한 것처럼 집중해서 해야 한다. 참고로 업종 변경 시에도 한꺼번에 많은 투자를 하지 말고 최소 금액으로만 시도하는 게 좋다.

이래저래 해봤지만 그래도 안 된다면? 세 번째는 매매다. 식당을 창업하여 1~2년 만에 문을 닫게 되면 모든 것이 날아가기에 절대로 그냥 포기해서는 안 되고 매매에 유리하도록 할 수 있는 것은 일단 모두 해봐야 한다. 안 되는 가게는 주변에서 다 알고 있는데 그대로 부동산에 의뢰하고 '가게 임대'라는 글자를 써 붙이게 되면 내 투자금을 죄다 포기하는 거나 다름없다. 그렇다면 어떻게 해야 할까? 마지막 선택의 한 예를 들어 설명하도록 하겠다. 일단 직원은 1명만 두고 모두 내보낸다. 가게 앞면 전체에 '폭탄 미친데이 선언!'이라는 대형 현수막을 설치한다. 고기를 파는 집이라면 최상급의 고기를 반값만 받고 막 퍼줘야 하고, 실내는 아주 느리게 정리한다. 그러다보면 일시적으로 손님이 불어나는데 그때 바로 주변 부동산 여러 곳에 물권을 뿌린다. 너무 힘들어 못하겠노라고 하고 수수료 많이 줄 테니 급매로 처리해달라고 부탁하면 아마 무난히 어느 정도는 건져 나갈 수 있으리라 본다. 아무리 어렵고 힘들어도 조금만 참고 연구하면 임자는 늘 있는 법! 새로운 희망은 분명히 있다.

17

배달사업 잘하는 요령

많은 사람들이 창업을 꿈꾸지만 사실 엄두가 나지 않고 이래저래 고민만 하고 있다. 경제도 워낙 안 좋은데다 인건비, 점포세 등 무엇 하나 쉬운 게 없다. 그러다보니 1인 창업이 대세라고 할 정도다. 왜? 솔직히 겁나니까. 돈 조금만 투자하여 일단 창업한 후 일을 시작해보는 것이다. 혹 잘못되더라도 살아남아야 하니까. 그래서 후미진 곳에 작은 점포를 얻어 배달 사업을 하는 사람을 많이 본다. 하긴 치킨, 중식, 피자 등도 배달 사업이라고 할 수 있다.

필자도 외식사업 초기에는 회 배달 사업으로 시작했다. 우선 자동차 운전도 잘하지만 오토바이 운전을 잘했다. 그리고 약삭빠르고 재치가 있어서 배달 알바 학생들보다 2~3배는 신속, 정확하게 배달을 했고, 그렇게 많은 배달을 바쁘게 다녔어도 사고 한 번 없이 마무리했다.

임시 고용으로 배달하는 친구들을 투입해보면 수도 없이 사고를 낸다. 사고가 나면 장사에 막대한 영향을 준다. 그래서 주말 저녁에 주문이 집중되는 배달 사업은 늘 걱정이 태산이다. 배달 사업을 하는 경영주는 배달하는 방법을 제대로 공부하여 직원 교육에 항상 엄격해야 한다. 멘탈에 문제 있는 친구나 근무시간 외에 패거리들과 배달 오토바이를 함께 끌고 다니는 친구들은 가능하면 채용하지 않는 게 상책이다.

신속하게 배달하는 방법에 대해 아파트의 경우를 예로 들어 설명하겠다. 하늘마을 ○○아파트 8△△동 ××03호에서 주문이 들어왔다고 치자. 1차로 보내는 사람이 지휘본부이기 때문에 먼저 정확히 그 아파트 찾아가는 방법을 설명해야 하고, 배달꾼이 출발하기 전 머릿속에 찾아가는 그림이 나와야 한다. 즉, 어디까지는 큰길(여기도 약간의 신호 위반할 수 있는 곳 선택) → 샛길(신호 위반 마음대로 할 수 있는 길) → 단지로 진입인지 미리 생각하고, 단지 내로 진입 직전에 이미 머릿속에 8△△동이 어디에 위치해 있는지 감이 와야 곧장 그 동으로 갈 수 있다. 호수는 좌측이 1번이기 때문에 ××03호라면 좌측에서 2번째 출구로 달려가면 된다. 내용물 전달 시에는 첫인상이 중요한데 친절한 좋은 느낌을 주도록 해야 한다.

다시 한 번 강조하자면 배달 사업의 제일 중요한 문제는 사고 없이 신속하고 정확하게 해야 하고, 마무리로 좋은 이미지를 남기고 오는 것이다. 이렇게 되도록 하는 것은 경영주 손에 달렸다. 그래서 배달 사업을 하시는 분은 본인이 직접 주문을 받아 배달을 다니면서 보고 느껴야 한다. 그리고 난 후 직원들을 확실히 교육시켜 현장에 투입하기 바란다.

18

장사하다 발생한
피해 대처법

　얼마 전 지인의 가게에서 발생한 일이다. 손님이 식사 중에 금이빨이 손상되었다면서 고함치고 손해배상을 요구했다. 배상액으로 70만 원을 달라며 1시간 이상 손님들 앞에서 소란을 피우니 장사에도 차질이 생겼다. 할 수 없이 지인이 그 손님에게 돈을 주려고 했다. 그런데 돈을 건네기 직전에 필자가 낌새가 이상한 걸 눈치 채고 그 손님에게 고발 조치하겠다고 엄포를 놓자 아니나 다를까 그대로 도망가 버렸다. 이런 사람을 잡아보면 '전문 꾼'인 경우가 대부분이다. 한 가지 조심할 것은 이런 사람들이 앙심을 품고 가게에 해코지를 할 수도 있다. 지인의 가게도 그 사람이 시청위생과에 고발하는 바람에 위생검사를 받느라 곤욕을 치렀다.

　장사를 하다 보면 이런 일이 비일비재하다. 경영주 입장에서 배울 게 많을 듯하여 필자가 겪었던 사례 하나를 이야기하겠다. 예전에 인테리어 사업할 때의 일이다. 정장 차림의 손님 한 분이 찾아와 자기

사무실 공사를 해야 하는데 견적을 내야 하니 샘플을 가지고 함께 가자고 했다. 우선 선금을 내야 하는데 100만 원짜리 수표밖에 없다고 하여 거스름돈 30만 원을 현금으로 준비해서 함께 빈 사무실로 따라 갔다. 그리고 바닥 등의 평수를 내고 있는데 그 사람이 누군가와 통화를 하더니 급히 현금을 보낼 데가 있으니 가지고 온 30만 원을 일단 빌려주면 이따가 인테리어 가게로 가서 수표 100만 원을 선금으로 주고 빌린 돈도 공사대금과 함께 갚겠다고 했다. 필자는 별다른 의심 없이 알겠다고 하고 내 돈 30만 원을 내주었다. 그리고 다시 평수를 내며 꼼꼼히 기록을 하고 있는데 그 사이 그 사람은 밖에서 전화하는 척하더니 그 길로 삼십육계 줄행랑을 쳐버렸다. 나중에 알고보니 그 사무실도 남의 빈 건물이었다. 피해액이 크지 않아 다행이었지만 그래서 더 당하기 쉽다.

이와 유사한 사건은 수도 없다. 특히 식당 사업을 하다 보면 제일 많이 일어나는 일이 신발 문제다. 벗어놓은 자기 신발이 없어졌다며 물어내라고 하는 것이다. 다음으로는 앉아 있다가 뜨거운 뚝배기에 담긴 음식을 가져올 때 몸이나 팔을 틀면서 고의로 음식물이 몸에 튀도록 만든 후 돈을 요구하는 경우다. 그밖에 주문한 음식에 벌레나 머리카락 등의 이물질이 들어있다는 핑계로 돈을 요구하기도 한다. 이런 식으로 사기를 치는 전문 꾼이 정말 많다.

이런 일이 영업시간에 발생하면(꾼들은 손님이 제일 많이 붐빌 때 일을 꾸민다) 일단 조용히 사과드리고 차후 배상을 하겠노라고 한다. 그러나 꾼들은 절대 그렇게 조용히 해결 보려고 하지 않는다. 더더욱 고함을 치면서 빨리 돈을 내놓으라고 요구한다. 이때는 주방장이나 찬모를 투입하여 설득과 완력을 동시에 보여준다. 그래도 꼬리를 안 내리면 지배인이나 점장을 투입한다. 그리고 최종적으로 경영주가 나서서 판단을 내린다. 처음부터 경영주가 나서서 쩔쩔매면 꾼들은 더 기세등등해진다.

꾼들의 유형을 보면 첫째, 무조건 큰소리치는 사람, 둘째, 막무가내로 빨리 돈을 달라며 배상을 요구하는 사람, 셋째, 고발하여 형사적으로 가겠노라고 협박하는 사람이 있다. 이런 유형의 사람들은 전부 사기꾼들이라고 보면 된다. 이렇게 소란피우며 나오는 꾼들은 조용히 불러서 "경찰을 부를 테니 법적으로 해결합시다."라고 하며 지연작전으로 나가면 자기가 꾼인 걸 들킨 것을 눈치 채고 도망가게 된다.

가끔 직원 중에서도 장난치는 사람이 있다. 요즘은 사람 구하기가 무척 어렵다. 그러다 보니 검증이 안 된 사람을 채용하기도 하는데 엉뚱하지만 여기에도 전문 꾼들이 있다. 일을 시작하고 며칠 안 가서 여러 형태의 사고를 친다. 그러면서 경영주를 협박하고 돈을 요구하는데 약자인 척하며 경찰을 부르고 인터넷에 올리기도 한다. 그렇게 악덕업자로 몰아 노동부에 고발하여 아주 많은 돈을 갈취해낸다. 심지어 약점을 보이면 일을 키워 세무조사까지 받게 되는 경우도 있다. 이런 경우 경영주는 빨리 내부 위생문제, 장부처리 등을 점검한 다음 정면 돌파해야 한다. 이런 사람들은 남자든 여자든 '을'이 아니고 가게 하나 쑥대밭으로 만드는 전문 꾼이다. 그렇기 때문에 강력하게 대처하는 방법밖에 없다.

장사도 힘든데 그런 일까지 신경 써야 하나 골머리가 아플 것이다. 하지만 어쩔 수가 없다. 그런 것까지도 사업의 일부라고 생각해야 한다. 경영주에게는 꺼진 불도 다시 보는 세심한 관찰이 필요하다. 당하지 않으려면 말이다.

19

사업하면서 건강 챙기기

　사업도 건강해야 자신감이 생기고, 자신감이 있어야 장사도 유쾌하게 할 수 있다. 필자가 잘 아는 외식사업가가 있다. 그는 1년 내내 아무리 춥고 더워도 아침 일찍 자기가 살고 있는 인근 야산으로 산책을 가고 심신단련을 한다. 그래서인지 늘 유쾌하게 장사를 즐기는 걸 볼 수 있다.

　필자 또한 오랫동안 장사를 하다 보니 건강을 챙기는 나름의 방식이 있다. 창업을 하게 되면 머리 쓰는 일도 많고 많은 체력을 요하게 된다. 아침에 일어나면 뜨거운 물 한 잔 마시고 헬스장으로 직행한다. 1시간가량 근력운동을 해준다. 오후 한가한 시간이 되면 어디든 답사를 다니는데 보고, 느끼고, 배울 게 많다. 자영업은 본인 스스로 모든 걸 책임져야 하기에 헬스는 주 4~5일로 꼭 하고 매주 토요일은 산행을 하여 몸과 마음을 쉬게 한다. 산행은 체력도 키우지만 사업 구상을 할 때도 좋다. 필자에게 이 방식은 30년 가까이 늘 해오고 있는 일상이다. 십 수 년 전부터는 간간히 골프 연습과 필드 운동을 하고 있다.

이와 함께 외식사업 경영주는 건강한 식단도 짜야 한다. 음식 장사하는 사람들이 오히려 먹는 것에 소홀한 경우를 보는데 그래서는 안 된다. 직원들 식사에 신경 쓰는 만큼 본인의 식사도 제때 영양학적으로 균형 있는 식사를 해야 한다. 잘 먹어야 그 에너지로 손님들에게도 좋은 음식을 대접할 수 있는 것이다.

수면 습관도 중요하다. 24시간 영업을 하는 식당의 경우에는 자칫 일 욕심에 수면 시간이 줄어들 수 있는데 조금 적게 자더라도 수면의 질을 높여 생체리듬에 무리가 가지 않도록 조절해야 한다. 필자는 항상 잠들기 전 10분가량 눈을 감고 하루 일과를 되새김하며 그날 일어난 일들을 정리해보는 습관이 있다. 그렇게 차분히 명상을 하다 보면 마음도 평안해지고 숙면을 하게 된다.

육체의 건강만큼 정신 건강도 중요하다. 정신이 건강

제7회 〈한국경제TV〉 아마추어 챔피언 골프대회

하려면 우선 가정이 화목해야 한다. 사업을 하면서 누누이 목격하는 일인데, 부부가 함께 장사를 너무 오래 하면 싸움을 많이 하게 된다. 밤낮으로 붙어있으니 서로 사소한 일까지 알게 되고 간섭하게 된다. 그러다보면 까닥 잘못하다가는 장사로 인해 갈라설 수도 있다. 우리 주변에 외식사업으로 크게 성공한 부부들을 보면 가정이 무너지고 이혼까지 하는 경우가 다반사다. 사업체가 작고 어려울 때는 함께 이겨냈지만 풍족해지면 여기저기 또 다른 사업을 벌이게 되고 그러면서 부부 사이는 점점 멀어지게 된다. 아무리 부부가 함께 경영할지라도 리드는 한 사람이 해야 직원들도 혼란스러워하지 않는다. 업무적인 부분에 있어서도 역할 분담을 확실히 하고 일과 가정사가 엮이지 않도록 지혜롭게 잘 조정해야 한다.

아무리 성공해서 돈을 많이 벌어도 건강을 잃으면 모두를 잃는 것이다. 몸도 마음도 잘 챙겨 성공한 사업가로서의 행복을 마음껏 누리길 바란다.

제5장

장사프로가 되는 실전 외식 창업
: 투자편

5

창업의 목표는 성공이다. 성공의 의미에는 여러 가지가 포함되겠지만 그래도 역시 제일 중요한 것은 돈이다. 돈 많이 벌어 부자가 되는 것! 하지만 장사만 잘 한다고 돈이 차곡차곡 모이는 것은 아니다. 장사는 기본이고 장사를 해서 모은 여윳돈을 종자돈 삼아 돈을 불려야 한다. 한마디로 '투자'를 할 줄 알아야 한다.

그럼 어떻게 장사를 하고 재테크를 해야 가난을 이기고 10억 정도를 모을 수 있을까? 누구한테 부자 되는 방법을 배울 수는 없을까? 이런 질문을 한다면 필자는 이렇게 말씀드리고 싶다. 성공한 사람들의 80~90%는 길을 알려주는 좋은 사부가 있었다고. 살아남기 힘든 이 시대에 나 혼자서 할 것인가, 아니면 누구와 함께 할 것인가. 앞으로 5년 또는 10년 내 10억을 모으겠다는 간절한 소망이 있다면 이 책 또한 집중 활용하시기 바란다. 반복해서 공부하고 내용들을 자신의 것으로 만들어 귀신도 놀랄 백만장자가 되는 숨은 계획을 세워야 한다.

투자라는 개념에는 부동산과 주식 투자는 물론이고 외식사업의 중요한 부분이기도 한 상가 분양 혹은 임대하는 것부터 시작해 가게 매매와 이전, 확장 등도 포함된다. 투자에 관한 전문적인 내용은 여러분 스스로 경제신문이나 관련 서적을 파야 좀 더 깊이 있게 알게 되겠지만 장사를 하면서 기본적으로 알아야 할 투자의 상식은 여기에서 짚고 넘어가도록 하겠다.

그리고 잊지 말자. 투자 역시 즐기는 것이 기본이 되어야 한다는 것을 말이다.

01

얼마를 투자해야 하나?

* 아주 중요한 대목이니 암기할 것!

초기 창업투자금은 최대한 적게 하고 순전히 노력과 아이템으로 승부를 봐야 한다. 무섭게 뛰는 도전정신과 열정으로 경영의 맛을 본 후 차차 확장해 나가는 게 답이다. 돈이 많고 적고를 떠나 이 시대의 투자는 리스크에 최대 중점을 두어야 하기 때문에 세심한 전략이 요구된다.

우리 주변의 사례를 살펴보자. 필자가 아는 50대 중반 은행 퇴직자 분을 만나 사연을 들어보니 퇴직한 지 몇 개월 만에 6억 5천만 원을 투자해 스크린골프장을 창업했다고 한다. 그리고는 필자에게 어떻게 하면 운영을 잘할 수 있냐고 물었다. 필자의 대답은 2년만 하고 무조건 메도히리는 것이었다. 한마디로 원금회수는 불가능하다.

그분이 손해를 볼 수밖에 없는 이유는 2가지다. 첫째, 그분은 오랫동안 은행에서 낮에 근무한 분이다. 그런데 스크린골프는 주말 장사인데다 밤늦게까지 근무해야 한다. 따라서 장기적으로 볼 때 그분은 이 사업을 절대 할 수 없다. 즉, 자신의 적성과 안 맞는 업종을 선택했기 때문에 사업이 잘 될 수가 없다. 둘째, 오픈하고 1년 정도는 새로 들여온 시설로 시스템도 밝고 좋다. 하지만 1년 몇 개월만 지나도 벌써 시스템이 뒤처지기 시작하고 손님들은 새로운 신규점을 찾아 떠나게 된다. 그러니 오래 갈 수가 없는 사업이다. 또한 가게 매매 가격도 갈수록 제값을 못 받기 때문에 2년을 넘기지 않고 접는 것이 그나마 손해를 덜 보는 길이다.

물론 성공적으로 창업을 한 예도 있다. 계절과 업종이 잘 맞아 성공한 경우인데, 첫 번째는 미개발지역 상업지 내에 오픈한 24시 콩나물해장국집이다. 투자금 6천만 원 정도의 작은 가게인데 영업 개시 7개월 만에 원금을 모두 회수한 성공 케이스다. 두 번째는 손만둣국집이다. 11월에 오픈하여 계절적으로도 적절했고 매스컴의 유행으로 단번에 손님이 북적북적한 맛집이 되었다. 이렇게 입지, 업종, 계절이 맞아 떨어져야 어느 정도 성공이 보인다.

창업을 할 때는 단기적인 장사를 하여 돈을 벌고 말 것인지, 장기적인 안목으로 길게 장사할 것인지를 먼저 판단하고 투자해야 한다. 초단기적인 장사를 한다면 장소와 업종, 전략 등을 그에 맞게 짜야 실수 없이 돈을 벌고 빠져나갈 수 있다. 장기적인 장사를 계획한다면 위치 선정, 가게 규모, 업종, 땅의 위치와 모양, 주변 여건 등의 종합적인 점수에 의해 사업 계획이 이뤄져야 한다.

창업을 계획하다 보면 내가 꼭 원하는 입지에 나의 아이템으로 시작하는 경우도 있지만 그렇게 내 계획대로 되지 않는 경우가 더 많다. 그렇다고 마냥 손 놓고 기다릴 수는 없는 일. 다니다보면 순간 치고 빠질만한 가게는 많이 나오는데 장기적으로 영업을 하기에는 무리인 경우가 있다. 초기 단지 내 근생(근린생활시설) 가게, 상업지 외 틈새 작은 가게, 대형마트 주변 가게, 골목 상권 입구 상가점포 같은 가게들은 초기에는 별 볼일 없어 보이기 때문에 점포 얻기가 쉽다. 단기 장사를 노리는 분이라면 이런 가게가 보이는 즉시 계약하여 기본 인테리어에 집기 등도 최소 투자만 한 후 시간을 보내라. 초기 상권은 장사도 잘 되지만 얼마 지나지 않아 상권이 형성되면서 권리금을 많이 받고 쉽게 빠져나갈 수 있다. 그동안 경험도 얻고 자신감도 생겨 처음 계획대로 진행하는 데 큰 도움이 될 것이다.

장기적인 장사를 계획하는 분들이 크게 실수하는 경우를 보면 지나치게 남의 상가에 인테리어를 많이 한다든지, 체인 가맹점을 내면서 엄청나게 투자를 많이 한다. 또 내 집처럼 오랫동안 안정적으로 장사할 욕심으로 호사스러운 고급 집기류를 투입하여 시작하기도 하는데 계획대로 영업이 안 될 시에는 큰 손실을 보게 된다. 이런 경우를 필자는 수도 없이 봐왔는데 아무리 장기적인 영업을 염두에 뒀다고 할지라도 돌다리도 두드려 보고 건너는 심정으로 계획의 절반 정도만 투자하여 시작해보는 것이 좋다. 그렇게 시작하고 시간을 두면서 가능성이 보일 때 남은 50%도 투자하는 것이 정답이다.

처음부터 100% 다 투자해도 되는 경우는 본인 단독 상가이거나 자신의 땅에 건물을 신축했을 때, 또는 오랫동안 동종 업종 사업을 하다가 옮겨올 때, 추구하는 목표가 장사 수익에 있지 않고 건물의 부가가치를 올리는 데 있을 때 등이다. 엄청나게 좋은 입지의 가게라면 혹 잘못될 경우라도 차후 권리금으로 만회할 기회가 있기 때문에 가능하다.

요즘처럼 경기가 하염없이 나빠지는 저성장시대에는 자영업자의 경쟁이 더욱 치열해진다. 이런 시대의 창업은 확실한 아이템을 가졌다 할지라도 내일 일을 알 수 없다. 따라서 '몰빵 투자'는 자살 행위나 다름없다. 어떤 경우라도 70% 이하만 투자하여 차차 신뢰를 쌓은 다음 공격적인 투자를 하기 바란다. 이 세상은 결국 살아남는 자가 최종 승리자이기 때문이다.

02

임대를 얻어
장사 시작하기

＊돈 벌어주는 대목이다.

누구나 여유만 있다면 자리 좋은 상가를 분양 받아 내 가게에서 여유롭게 장사하는 게 로망이다. 그런데 '내 가게에서' 이 말은 좀 더 깊게 생각해봐야 할 대목이다. 언뜻 보기에는 임대료도 안 내고 차후 매매 수익도 볼 수 있어서 여러 모로 괜찮을 것 같지만 그 비싼 가게를 대다수는 무리해서 융자 많이 끼고 분양을 받는다. 그런데 내 생각대로 안정된 장사와 매매 수익이 가능할까? 절대 쉽지 않다.

우선 임대료는 안 내지만 관리비와 은행이자가 나간다. 상가 건물이 다 입점하면 주차 전쟁이 시작되고 장사에 상당한 차질이 오기 시작한다. 옆 건물들이 모두 차면 더더욱 주변이 복잡해져서 오가는 사람들은 많이 보이지만 은행, 병원, 안경점, 통신점, 학원 등만 장사가 되는 것이지 그 외 자영업 가게들은 속빈 강정이다. 처음 분양 받을 때는 1등 가게로 보였지만 주변 상가들이 다 차고 나서 보면 2등, 3등 가게로 전락한다.

또 한 가지, 본인 점포에서 하는 장사와 임대료 많이 내면서 하는 장사는 정신무장에서 확연히 차이가 난다. 임대료 많이 내고 어렵게 창업을 해야 반드시 성공해야 한다는 긴장감을 갖고 앞뒤 안 가리고 열심히 하게 된다. 본인 가게에 앉아있으면 그런 감정은 생길 수 없다. 장사는 배고파야 죽기 아니면 까무러치기로 몸을 던져서 하지, 배부르면 절대 외식사업 안 하는 게 옳은 판단이다. 분양 받은 상가로 차후 수익을 내기는커녕 팔아먹기도 힘들고 임대 수익도 점점 줄어든다. 결국 융자 받은 은행 빚만 고스란히 남는 경우가 생길 수 있다. 물론 어쩌다 한두 개는 성공할 수도 있지만 대다수 분양 상가는 손해 볼 확률이 높다는 것을 명심해야 한다.

그래도 꼭 상가 점포를 분양 받고 싶다면 분양이 시작되고 한참 후에 마지막으로 아주 싸게 줄 때 3층 이상 꼭대기 층이나 분양 받는 게 임대 놓기도 유망하다. 요즘은 은행도 2~3층으로 올라가고 병원, 학원 등 용도도 다양한 편이다. 우리가 통상적으로 좋은 물건은 먼저 비싸게 팔고 안 좋은 것은 나중에 싸게 팔게 되는 원리다. 결론적으로 꼭 장사를 해야 한다면 분양 받을 돈은 저축이나 땅에 묻어두고 임대 상가를 얻어 창업하는 게 정답인 듯하다.

03

역세권 상권과
기타 입지

요즘 상가 분양 트렌드를 보면 초기 분양 때는 엄청 비싸면서 임대료도 무척 많이 받아줄 것처럼 광고하지만 막상 분양도 어느 정도 끝나고 입주 때가 되면 빈 가게가 수두룩한 것을 흔히 볼 수 있다. 임대수익도 초기에는 6~7% 나오는 듯하지만 잘못하다가는 은행 빚만 잔뜩 질 수 있다. 중심 상업지구를 뺀 일반 상업지구 내 건물 임대도 마찬가지 현상이 일어난다. 왜 일까?

첫 번째 이유는 주차문제다. 역세권과 일반 상업지구는 60%만 차도 주차창이 만원인데 곳곳에 CCTV가 설치되어 있기 때문에 차량을 가지고 오면 주차 때문에 식사를 할 수가 없다. 두 번째는 임대료, 관리비가 너무 비싸기 때문이다. 초기 1~2년은 그런대로 경영이 가능하지만 그 이후엔 비싼 임대료와 관리비 때문에 수익을 낸다는 것을 장담하기 어렵다. 세 번째는 창업할 만한 업종이 그리 많지 않다는 것이다.

아파트 단지 상가부터 보자. 분양 때 수십 대 일로 처음 입점을 할 때는 임대료도 비싸고 초기 장사하고 빠지는 사람들 때문에 그런대로 빈 가게도 없이 다 차 있다. 이때는 부동산, 편의점, 세탁소, 미용실, 학원 등 업종도 다양하다. 그런데 막상 2년만 지나고 보면 임대료는 내려가고 서로 빠져 나가려고 눈치작전을 벌인다. 결론적으로 보면 부동산 1~2개 빼고는 수익 낼만한 업종이 별로 없다. 세월이 가면 갈수록 아파트 단지 외부에 대형마트를 비롯하여 오만 가지 것들이 생겨나기 때문에 파격적인 가격 외에는 투자를 안 하는 것이 상책이다. 결론적으로 말해서 아파트 단지 내 상가의 경우 처음 입주 때는 잘 되지만 그 수명은 고작 1년 정도로 보고 투자해야 한다. 작은 편의점, 세탁소, 부동산 등은 지속가능하지만 그 외 업종은 가능하면 빨리 이전해야 한다.

역세권 가게 분양과 임대의 경우는 어떨까? 1층의 아주 좋은 가게는 분양받기도 힘들고 가격도 높다. 임대를 얻어 장사를 고려하는 분이라면 많이 투자하는 건 리스크가 따르기 때문에 작은 투자로 승부하는 것이 좋다고 볼 수 있다. 흔히 역세권 좋은 자리에 브랜드 커피집이나 빵집이 자리 잡고 있는 것을 볼 수 있는데 투자금액 대비 수익은 별로 크지 않고 리스크는 무지 많은 것이 사실이다. 요즘 역세권 주변 대형 건물엔 기업에서 하는 외식업체가 치고 들어와 경쟁력이 없는 개인 가게는 수시로 주인이 바뀌는 것을 볼 수 있다.

역세권 주변에서 할 수 있는 유망 업종은 외식업으로 볼 때는 24시

해장국이나 콩나물국밥, 곰탕, 가정식 생선구이집, 간단한 중식집, 김밥, 떡볶이, 분식집 등이다. 특히 밤낮으로 사람이 많이 움직이는 역세권에서는 24시간 영업하는 해장국집을 적극 추천한다. 고기집이나 횟집, 샤브샤브집 등은 주차문제가 쉽지 않기 때문에 영업이 어렵다.

이밖에 신설 단독주택 골목상권의 경우에는 초기 동네가 형성되기 전에는 그럭저럭 영업이 되는 듯하지만 동네가 꽉 차면 주차문제, 골목 규제 같은 업종끼리의 경쟁이 치열해져 피곤한 일만 생겨난다. 겉만 그럴듯하지 수익은 점점 줄어들 수밖에 없는 구조다. 즉, 골목상권이 70~80%까지 들어차면 빨리 이전 또는 매도하고 나와야 손실을 줄일 수 있다.

그리고 한 가지 더. 정말 조심스럽고 신중한 접근을 요하는 상권이 있는데 바로 상업지구 내 근린상가다. 기본적으로 모양새는 좋아 보이지만 땅이 작아 주차할 공간이 절대적으로 부족하고 옆 건물들이 한 번에 들어차기 때문에 순간 경쟁도 치열해진다. 이런 곳에서 할 수 있는 업종은 병원, 학원, 교회, 마트 등이다. 동네 소규모 자영업 정도는 장기적으로 안정된 사업을 할 수 있지만 식당 사업은 가능하다면 초기에 진입하여 잠시 하다가 권리금 먹고 빠져나오는 것이 대박이다. 식당 사업은 2~3층 올라가면 쪽박이다.

중심 상업지구는 임대료는 비싸지만 좀 더 길게 장기적으로 장사할 수 있다고 본다. 여기도 신의 한 수가 있다. 이유 불문하고 상업지구 내에 제일 먼저 들어서는 건물 중 1층 어느 곳이든 잡아서 업종 선택을 하고 넓게 입점만 하게 되면 90% 정도는 성공이 보장된다. 할 수 있는 업종은 무지 많지만 즉시 대박 나는 업종 몇 가지를 말씀드리자면, 해장국, 순댓국, 뼈다귀국, 추어탕, 만둣국, 칼국수, 중국집, 횟집 등이다.

04

매매는
시기 포착이 중요하다

 누구나 창업을 하여 장사를 하다 보면 여러 변수가 있을 수 있는데 매매 타이밍이 중요하기에 우리는 여기서 하나하나 짚어보고 배워둬야 한다. 장사가 잘 되는 가게는 큰 가게로 이전해야 하니까 하고 있는 가게를 잘 팔고 나가야 하고, 장사가 안 되는 가게는 어떻게든 빨리 팔고 나가야 손실을 줄일 수 있다. 그러다보니 점포 매매가 수시로 발생한다. 그래서 집도 매매 시기를 잘 포착해야겠지만 점포 매매는 더욱 그 시기를 잘 봐야 한다. 살아 있는 가게를 매도하고 마무리할 때는 어느 시기에 어떻게 처리하느냐에 따라 금액 차이가 많이 나기 때문이다.

 유형별로 보면, 현재 하고 있는 사업장이 잘 되고는 있어도 오래 하다 보니 보이지 않는 내부적인 갈등, 건물주와의 갈등, 이웃들과의 감정싸움, 주차문제로 인한 갈등, 상하수도 문제 등 깊은 애로사항이 있을 수 있다. 이러한 문제들은 장사를 하고 있는 본인만 알지 남들은 전혀 알 수가 없는 것들이다. 이런 경우 표시 안 나게 장사를 하면서 인근에 좋은 가게가 나오면 즉시 그 가게를 아무도 몰래 잡아두고 지금 하고 있는 가게를 여러 곳에 급매로 푼다. 누가 봐도 그 가게는 지금 잘 되고 있기 때문에 원하는 금액에서 조금만 빼주면 바로 계약된다.

다른 경우를 보자. 현재 하고 있는 가게 위치와 상권이 최상이어서 권리금이 장난 아니게 많이 붙은 상태인 경우가 있다. 이런 가게도 상권의 변화, 계절의 변화, 권리금의 변화 등을 주시하다 인근에 주차장이 여유 있는 가게가 보이면 권리금을 왕창 받고 이전할 수 있다. 원래 하던 가게는 위치가 좋아 다른 용도로 들어오기 때문에 기존 브랜드를 옮겨가면 장사는 여전히 잘해먹을 수 있고 수년 동안 장사하여 벌 돈을 미리 권리금으로 받기 때문에 멋진 타이밍이라고 볼 수 있다.

또 일신상의 이유로 어쩔 수 없이 가게를 처분해야 할 경우가 있다. 몸이 많이 아파서 또는 누군가 돌아가셨다든지 등등 여러 가지 일이 있을 수 있다. 이런 경우는 가능하면 나의 약점을 말하지 말고 조용히 처분하는 것이 제일 현명한 방법이다.

장사를 아무리 열심히 해도 수익이 안 나고 미래의 희망도 안 보인다면? 업종을 변경하려고 해도 돈은 돈대로 많이 들고 그렇다고 성공한다는 확신도 없다. 이런 저런 고민 중에 가면 갈수록 적자만 쌓인다. 이런 경우에도 가게를 처분해야 하는데, 사실 이 지경까지 오기 전에 진작 처분했어야 한다. 결단을 못 내리고 마냥 끌고 나가는 사람들을 많이 볼 수 있다. 이런 사람들에게는 더 이상 시간 죽이지 말고 손실이 어느 정도 발생하더라도 가게를 과감하게 팔아야 다음으로 갈 수 있다고 말해주고 싶다. 사업은 언제나 잘못될 수 있기에 하루라도 빨리 인정하고 결단하여 처분해야 몸도 마음도 살리고 다음의 기회를 찾을 수 있다. 우물쭈물하다가는 진짜 쫄딱 망하는 꼴을 당하게 된다.

05

확장, 이전은
이렇게 하라

　십 년 식당 사업을 하시는 분들 중에는 그렇게 많은 손님이 와도 이전이나 넓은 곳으로 확장, 이전을 망설이는 분들이 있다. 2호점, 3호점도 안 내고, 혹은 못 내는 사람도 많다. 결단의 승부사인 필자는 이렇게 말하고 싶다.

　"한 번 해봐, 무슨 일이 생기는지."

　가늘게 오래 하는 것도 좋은 방법이긴 하지만 기회가 오면 잡을 줄도 알아야 새로운 도약을 할 수 있다. 너무 조심하는 인생, 평생 돌다리만 두드리다 끝나는 삶은 재미없다. 때론 과감한 용기가 꼭 필요하다. 기회가 오면 아무도 모르게 잡아챌 줄도 알아야 한 레벨 점프 업 하는 인생역전이 나오는 것이다.

　경영을 맛깔스럽게 하다 보면 날로 손님이 늘어나는 것을 실감하게 되고, 매장은 협소한데 인력 공급이 제대로 되지 않아 점심시간마다 난장판이 되고, 주말에는 감당을 못하는 경우가 종종 생기게 된다.

남들이 볼 때는 즐거운 비명 같겠지만 경영자 입장에서 보면 주말이 겁난다. 아마 전국적으로 이런 장사 잘되는 사업장들이 많을 것이다.

그런 분들을 위해 팁 하나! 바로 이때가 확장할 시기요, 2호점을 낼 최고의 찬스라는 점을 알려드리고 싶다. 이 시기를 놓치면 손님이 계속 폭발적으로 늘어나는 것이 아니라 점차적으로 줄어들기 시작한다. 왜? 손님들이 그 집에 가면 짜증이 나기 때문이다. 늘 손님이 많다보니 서비스는 엉망이고 너무 복잡해서 식사할 맛도 안 난다. 그런 상태가 계속되면 단골손님 일부는 차차 등을 돌리게 된다. 그래서 넓고 아늑한 곳으로 이전하여 새로운 마음으로 더욱 안정된 서비스로 보답하면 본격적으로 손님 수가 불어나기 시작한다. 그때가 가장 많이 돈을 벌 수 있는 기회다.

변하지 않는 고집은 음식에만 적용시키고 경영에는 상황에 따라 변화의 고집을 피울 줄 알아야 진정한 성공의 참맛을 보는 것이다. 매

일 매일 좁은 공간에서 힘들게 장사하다 보면 번 돈 한 푼 못 써보고 골병만 든다. 외식사업은 긴 세월 온 몸으로 하는 사업이라 건강도 스스로 챙기고 즐길 줄 알아야 진정한 승리자가 되는 것이다.

06

외지, 외곽에서
장사 잘하기

도심 창업보다 한적한 외곽에서 외식사업을 하거나 카페 창업을 하는 경우가 무척 많다. 우선 내 마음대로 꾸미고 여유롭게 경쟁의식 없이 할 수 있는 장점이 있다. 또 주 5일 근무로 주말 나들이객이 많기도 하고 도로 사정과 차량의 성능도 좋아져서 지금 트렌드에 부합된다. 임대료 문제도 좀 수월하고 주말에만 열심히 하면 평일은 여유롭게 텃밭도 일구고 취미 생활도 가능하다.

그러나 무슨 일이든 장단점이 있는 법. 외곽 창업의 장단점을 파헤쳐보자. 앞에서 말한 것처럼 내가 원하는 대로 해볼 수 있다는 점이 가장 큰 장점이다. 주차문제도 어려움이 없다. 멋진 자리에 카페를 예쁘게 차려놓으면 기분도 굿이다. 내 땅에다 내 건물, 내 카페 혹은 가든을 가지고 있다는 만족감도 크다. 시간이 지나면 땅값도 올라간다. 생각만 해도 기분 좋고 배가 부르다.

여기서 팁 하나! 외지에다 땅을 사서 식당이나 카페를 준비한다면 분명한 목표가 정해져야 한다. 노련한 사업가는 장사 수익보다 땅의 부가가치를 올리는 데 목표를 둘 것이다. 그래서 좋은 땅을 사서 돈을 만들어야 한다.

단점은 외곽에서 식당이나 카페를 창업하면 보기에는 근사하지만 수익 내기는 그리 쉽지 않다는 점이다. 주말 낮과 평일 점심시간에만 영업이 가능하고 아침, 저녁 장사는 거의 제로라고 봐야 하기 때문에 처음부터 욕심은 금물이다. 어느 정도 세월이 흘러야 입소문이 난다. 제일 중요한 것은 선택과 집중이다. 그 지역 특산물이나 본인만의 특별한 메뉴 한 가지로 승부를 걸어야만 주기적으로 재방문이 이루어진다.

외지 창업에서 가장 큰 애로사항은 직원 출퇴근 문제다. 실장과 직원 구하기도 어렵다. 마케팅도 문제가 있다. 거주지와 사업장이 함께 있다면 별 문제 없겠지만 멀리 있다면 관리가 힘들어 장기적으로 볼 때는 이사를 해야 한다.

지역의 예를 보자. 강화도에 창업한 외식 카페의 현황을 보면 10개 중 9개는 전멸 상태다. 살아남은 1개는 상대적으로 대박이지만 수년간 외식 카페 자리의 땅값은 제자리 또는 하락했다. 이렇게 될 경우 매도를 치고 빠져나갈 수가 없다. 왜? 손실을 많이 보기 때문이다. 잘 못하다간 어정쩡하게 그곳에서 사업을 하는 것도 아니고 그렇다고 농부도 아닌 상태로 전락하는 경우도 수도 없이 많다.

반대로 제주를 보자. 수년 전과 비교해보면 수많은 밀감 밭이 주택지로 변하고 좋은 길목이나 바닷가는 온통 카페나 식당이 만원이다. 실상을 들여다보면 장사는 그리 호황을 누리는 건 아니다. 워낙 관광

객이 많이 오기에 그런대로 돌아갈 뿐이다. 물론 초대박 가게들도 많이 생겨났다. 그러나 최근 몇 년간 땅을 구입하고 자신의 건물을 지어 창업을 한 사람들은 장사에서는 현상 유지 정도만 했어도 땅값이 크게 올라 속으로 함박웃음을 짓고 있다. 이렇듯 투자에 대한 목적의식이 뚜렷하게 있어야 안심하고 원하는 외곽에서 하고 싶은 사업을 할 수 있다.

07

장사와 재테크
① 부동산 투자

1) 노후까지 부자로 살아가는 방법
* 이 대목을 읽고 상상해보라.

수십 년 서울 수도권에 살아보니 매일 돈으로 산다. 어떤 사람은 죽
자고 열심히 직장 다니고 힘들게 일해도 항상 돈이 없어 쩔쩔 맨다.
또 어떤 사람은 늘 돈 걱정 없이 풍족하게 산다. 이유는 뭘까? 그 차
이는 부동산을 아는 사람과 부동산을 모르는 사람의 차이에서 비롯
된다. 부동산은 똑똑하고 대단한 사람만 하는 게 아니다. 다만, 누군
가는 가진 돈이 조금 적어도 기회만 되면 냅다 지르는 반면, 누군가
는 자기는 돈이 없다고 단정하고 아예 관심도 안 가지고 포기하고 산
다. 바로 그 차이가 부의 차이를 결정한다.

누군가 부동산의 진짜배기는 '땅'이라고 했다. 땅을 가진 자가 돈을
지배한다. 필자도 오래 전 부동산에 처음 관심을 가졌을 때 오래 된

주택을 사서 수리하여 팔거나 분양 아파트 3순위에 청약하여 당첨되면 그 자리에서 얼마의 프리미엄을 먹고 파는 방식으로 재미를 봤다. 그리고 나서는 하던 장사와 다른 일은 뒷전이고 거기에 빠지기 시작했다. 아파트 분양 시장과 임대주택까지 파고들어 맛을 들인 후 가진 돈을 모두 투자했다가 다 까먹기도 했다. 다시 재개발, 재건축에 뛰어들어 조금씩 벌어먹다 1990년대 중반경 땅으로 눈을 돌렸는데 땅은 알면 알수록 무한한 깊이가 있었다. 한마디로 필자의 마음을 흥분시키고 춤추게 하는 매력덩어리였다.

물론 다른 좋은 직업으로 돈을 많이 번 사람도 있겠지만 보통 사람 중에 부자로 사는 사람 대부분은 자나 깨나 부동산에 많은 관심을 두는 사람들이다. 겨울에 동남아라도 나가 골프를 치다 살짝 물어보면 하나 같이 부동산으로 재미를 본 사람들이다. 장사를 하는 사람 중에서도 열심히 하여 여윳돈이 생기면 융자 받아 부동산에 투자하는 사람은 한참 지나서 보면 자기 건물에서 장사를 한다. 그러나 그러지 않는 사람은 늘 남의 임대 상가에서 장사를 하고 있다.

장사하는 사람은 현금을 어느 정도 가지고 있어야 제철 식재료가 싸게 나올 때 대량으로 구입할 수 있다. 중요한 건 지금 하고 있는 가게보다 더 좋은 가게가 인근에 갑자기 나올 수 있기 때문에 자금 비축은 필수다. 여윳돈이 생기면 집도 물론 마련해야겠지만 미래에 본인 상가를 지을 수 있는 땅을 늘 찾아보고 관심을 집중해야 좋은 결과를 얻을 수 있다. 장사가 잘되어 돈을 많이 벌면 땅을 사 모으라는 것이다. 그래야 꿈이 현실이 된다.

요 몇 년 사이 제주, 평택, 세종 등의 부동산에 투자 못한 사람들 중에 상대적으로 소외감 들고 허탈해하는 사람이 아마 수도 없이 많을 것이다. 수십 년 대한민국 부동산을 보면 이유 불문하고 돈이 모이면 미래 가치가 있는 땅을 사야 한다. 10배, 100배씩 쉬다 올라가고, 오래 지나서 보면 또 계속 올라간다. 즉, 과감하게 잘 구입한 땅 1필지가 내 삶을 완전 바꿔놓는다.

이런 일이 한국만 있느냐 하면 아니다. 전 세계적인 현상이다. 최근 10년간 중국 도심 주택 가격을 보라. 상해 같은 곳은 매년 100%씩 올라간 수치가 나온다. 그러다 보니 도심에 살면서 부동산 맛을 본 사람과 시골 농민공 간 부의 차는 엄청나다. 등잔 밑이 어둡다고 내가 살고 있는 아파트 길목 농지 가격이 3~4년 전과 비교해보면 일부 계획 관리로 풀리면서 평당 50만 원 하던 땅이 지금은 500만 원이다. 10배가 오른 것이다.

열심히 일해 빠듯하게 살아가는 보통 사람들은 이런 일을 직접 목격하면 의욕상실증에 걸린다. 그렇다고 이걸 잡아 성공한 사람이 결코 대단한 사람도 아니다. 단지 남보다 먼저 보석을 알아보고 실행한 사람들일 뿐이다. 여러분도 종자돈을 만들어 눈 크게 뜨고 다니면서 보석을 찾아보길 바란다.

2) 부동산 답사는 지도공부부터
* 이 부분을 공부하면 로또가 따로 없다.

취미 생활을 하고 싶다면 우리나라 지도 공부와 부동산 답사부터 시작하라. 이유 불문하고 그대로만 한다면 지금 여윳돈이 한 푼 없는 당신도 10년 내 큰 부자 대열에 합류하리라 본다. 단언컨대 절대 빈 말이 아니다. 이 책을 본 순간부터 경매 공부부터 시작하라. 2~3년 내 대한민국 부동산은 큰 기회의 장이 올 가능성이 농후한 상태다. 2019~2020년경 경매물권이 쏟아질 것이다. 그때를 대비하여 지금부터 공부를 철저히 하여 때가 오면 '사고' 한 번 치자는 것이다.

땅은 눈만 크게 뜨면 죄다 돈이다. 제일 먼저 차지한 사람만 성공하는 것도 아니고 제일 늦게 도착한 사람이 실패만 하는 것도 아니다. 땅에도 돈 되는 임자는 분명 따로 있다. 땅의 본질을 아는 것과 모르는 것은 본인 앞날에 부의 양극화를 가르는 분기점이 된다. 손바닥만 한 대한민국이다 보니 산지, 농지 다 빼고 나면 앞으로도 계속 좋은 땅 뺏기 전쟁일 수밖에 없다. 제주도에 부동산을 구입힌 중국 사람들이 하는 말을 들어보면 남한 땅은 보물이라고 한다. 결국 그 보물을

누가 알아보느냐의 싸움이다.

　필자도 현재 가진 땅은 별로 없다. 그러나 30년간 부동산 내공을 쌓아왔기에 언제든 부자가 될 수 있는 여건을 갖추었다고 생각한다. 여러분에게 팁 하나 드리자면, 경제신문을 많이 봐야 한다. 그리고 중요한 건 스크랩을 해두어야 한다. TV에서 하는 경제 뉴스는 흘려버려도 괜찮다. 가짜들이 너무 많은 것이 현실이다. 강남 부동산 빌라 구입 정보에 대해서 많이들 이야기하는데 대부분 매입 순간 상투라고 보면 정답이다. 경제신문만 꼼꼼히 잘 챙겨보면 국내 경제 사정과 부동산 트렌드를 한 눈에 알 수 있다. 또 아주 중요하다고 생각되는 부분은 잘라서 본인 방 벽면에 붙여두고 수시로 봐야 감각이 살아있게 된다. 지금 필자의 방에도 여러 장 붙어 있는데 눈에 띄는 것은 2019년부터 고령화발 집값 붕괴가 본격화된다는 것이다. 이런 내용은 미리 암기해두도록 하자.

3) 땅이 보물로 변하는 순서
＊꼭 암기할것!

사람 가는 곳에 땅값 올라가고, 새로운 길나는 데 땅값 올라가고, 공단이 생기거나 뭔가 새로운 게 생기면 땅값은 올라간다. 돈 값이 싸지니까 주식이 많이 올라가면 그 끝에 땅값이 올라간다. IMF나 리먼 브라더스 사태 당시를 기억해보면 생각지도 못한 어떤 계기가 하늘이 준 기회일 수 있음을 깨닫게 된다.

지난 세월을 돌이켜보면 장사를 하면서 사업은 실패와 성공을 반복했고, 주식 투자는 늘 손해만 안겨주고, 아파트 투자는 즐거움을 줬으며, 땅 투자는 필자를 춤추게 하는 보물을 선물했다. 그래서 누구 말대로 '땅은 거짓말하지 않고 황금 같은 것'인가 보다. 평생 갖고 싶은 땅을 샀다면 된장처럼 오랜 세월 묵혀야 황금이 된다.

재테크에서 부동산과 주식 투자는 기본 방식에서 똑같은 점이 한 가지 있다. 즉, 둘 다 완전 바닥에서는 살 수 없다는 것이다. IMF 때 부동산이나 주식을 사고자 하는 사람이 없다 보니 끝없이 내려가 주가는 200포인트 언저리까지 내려갔고, 부동산 가격 또한 금리가 천정부지로 올라가니 똥값이 되었다. 그렇게 최저점을 찍은 후 바닥에서 1배 정도 올라왔을 때 공격적으로 과감히 부동산을 사고 주식을 매수해야 한다. 그리고 어느 정도 본인이 생각한 만족스러운 가격이

오면 아쉬움 남을 때 팔아야지 욕심 부리다 매도시기를 한 번 놓치면 오랜 기간 묵히게 되고 주식도 계속 고꾸라진다. IMF 때 최저 바닥을 찍은 후 주식은 단숨에 1,000P까지 올라갔다가 다시 400P까지 내려와 긴 조정으로 가는 걸 볼 수 있었다. 부동산도 원리는 똑같다. 나 혼자 다 먹지 말고 다른 사람 몫도 남겨둬야 한다.

08

장사와 재테크
② 주식 투자

1) 성공하지 못한 주식 투자

필자는 30대 초반부터 부동산 재테크에 관심이 많았고 주식 투자도 꾸준히 해왔는데, 부동산 재테크에는 어느 정도 성공적이었지만 주식 투자에는 지금까지 한 번도 성공을 못했다. 주식 투자 30년 동안 단 한 번도 대박을 맛본 적이 없다. 그렇다고 주식 공부를 안 한 것도 아니다. 아무리 바빠도 매일 저녁을 먹고 나면 1시간 정도는 그날 장을 꼭 점검하고 나름 내일 장을 준비해둔다. 평소에 경제 뉴스와 경제신문을 꼬박꼬박 챙겨보며 모두 메모 체크하는 게 몸에 배어있다. 필자 스스로는 감각도 있다고 보는데 실전에서는 늘 매도가 빨라 손실만 봐왔다.

그나마 수십 년 주식시장에서 죽지 않고 살아남을 수 있었던 것은 부동산 재테크에 일정 분을 투자해두고 사업자금을 훼손하지 않으면서 여유자금으로만 배팅했기 때문이다. 아무리 좋은 장에서도 풀 배팅은 No. 분산투자를 원칙으로 하고 조금이라도 뭔가 이상한 징후가 보이면 즉각 매도했다.

IMF 때 8명의 투자방에서 1인당 1억에서 55억까지 투자하고 있었는데, 결국 필자만 살아남고 모두 깡통이 되었다. 펀드매니저, 증권사 지점장 등등 수도 없는 고수들과 함께 주식을 해왔는데 대부분 재산을 다 날리고 지금 초라한 삶을 살아가는 경우를 많이 본다. 그래도 필자는 지금까지도 그 장에서 살아남았다는 사실! 비록 주식 투자에서 성공을 거두지 못하고 철저히 실패했지만 큰 그림으로 보면 주식 투자를 하면서 쌓인 경제관념이 내 안에 축적되어 있다. 그래서 경제를 보는 눈도 넓고 밝아졌다. 이것이 결국 사업을 하는 데 도움이 된다. 이 일 또한 후회하지 않고 운명이라고 생각하는 이유다.

주식 투자를 계속 하는 것은 복권을 사는 것과 같은 마음이라고 본다. 복권을 사두면 추첨 결과가 나올 때까지 혹시나 하는 대박의 꿈을 꾼다. 주식 투자도 마찬가지다. 그런 기대로 오랜 세월 해온 것이다. 솔직히 주식을 끊어보려고 수도 없이 노력해봤지만 끊을 수 없었다. 살아있는 마약 같은 존재가 주식이다.

2) 주식 초보자는 착각에 산다

주식을 오랫동안 하고 있는 분이나 지금 한창 열정적으로 주식에 빠져 있는 분, 앞으로 주식 투자를 생각하고 있는 분들이라면 다음 사례들의 주식 결과를 냉정하게 봐주시고 판단은 각자 알아서 하길 바란다.

첫 번째 사례. 필자와 십 수 년 전에 주식을 함께 한 '길펀드'라는 사람은 좋은 대학 나오고 머리도 좋은 사람이다. 신문사에서 근무하다 잘 나갈 때 금융으로 뛰어들어 펀드 일에서 직접 투자자로 변신했다. 종횡무진 달리다 좀 더 적극적으로 주식에 몰입하기 시작하면서 선물과 옵션까지 손을 댔다. 그리고 몇 년 만에 본인 재산과 부모 돈, 친인척 돈, 친구 돈까지 몽땅 잃고 신용불량자가 되었다. 그래도 미련을 못 버리고 FX 딜러까지 하다가 결국 파산하여 지금은 유치원 버스 운전으로 살고 있다. 그분이 마지막으로 한 말은 "젊은 날에는 내가 제일 똑똑한 줄 알았는데 지난 후에 보니 내가 제일 바보였다."는 것이다.

두 번째 사례. 일산 주엽 역세권에 가면 완공이 안 된 흉물스러운 건물을 볼 수 있는데, 그 비밀의 건물주와 필자는 한 방에서 1997년 IMF 터지는 날까지 함께 주식을 했다. 그분은 지방에서 건설·유통 사업을 하면서 주엽 역세권 백화점, 마산 백화점 등 여러 곳에 공사를 한창 진행 중이었는데 우연찮게 주식시장에 잠시 들어왔다. 당시 IMF가 온다는 정보는 알았지만 그게 뭔지 몰라 무시하고는 매일 같이 매수한 주식이 빠지니까 회사 경리한테 아침마다 은행에서 돈을 찾아오도록 하여 물 타기로 '몰빵'했다. 그러다 IMF가 터지면서 그분은 55어 원이라는 큰돈을 날렸다. 마산 백화점 오픈 10일을 남기고 은행 융자가 중단되면서 부도 처리되었고 연쇄적으로 주엽역에 깃고 있던 백화점 공사까지 올스톱되었다. 그 후 모든 자산이 경매 처리되면서 개인 재산 600억 원이 한방에 날아가고 풍비박산이 났다.

세 번째 사례. TV 주식방송이나 신문을 통해 얼굴이 알려진 '최 소장'이라는 애널리스트는 좋은 대학 출신으로 25년간 주식전문가로 활동했다. 그러다 수개월 전 큰 수술을 받고 요양 중에 있는데 설상가상으로 이혼까지 하게 되었다. 깊은 얘기를 들어보니 주식전문가이면서 지금 재산은 빈털터리이고 남은 건 망가진 몸뿐이라고 한다. 필자가 마지막으로 "앞으로 주식은 어떻게 됩니까?"라고 물으니 그분이 하는 말, "차 사장님, 주식은 사기입니다."

마지막 사례. 필자가 아는 또 한 분은 연세대 경영학과 출신에 현대자동차에서 최고 대우를 받던 분이다. 매일 주식공부 10시간 이상 하는 사람으로 글로벌 경제까지 빠삭하게 보고 있다. 컴퓨터도 잘하고 돈도 많았던 친구인데 주식에 몰입하여 선물과 옵션까지 하다가 모든 재산을 탕진하고 지금은 도를 닦으며 인생 수양 중이다.

3) 개인투자자는 돈 벌기 불가능
* 반복해서 읽을 것!

30년 동안 주식 투자하여 필자가 내린 결론은 절대 대한민국에서는 주식으로 돈을 벌 수 없다는 것이다. 지금까지 30대 초중반 도배학원으로 번 돈 수억 원과 IMF 직전 장사하여 번 돈 수억 원 등 두 번의 큰 손실을 봤다. 주식으로 잃어버린 것은 돈뿐만이 아니다. 주식에 대한 미련 때문에 다른 곳에 투자 못하고 여기에 매달려 허송세월을 보냈다. 혼자서는 아무리 공부해도 부족한 듯하여 TV 등에서 국내 최고로 주식 잘한다는 투자 자문 사이트에 가입하고 강연도 수도 없이 다녔다. 단기, 중기, 장기 투자도 해보고 중소형주, 대형주, 우량주, 가치주, 테마주, 넝마주까지 솔직히 안 해본 짓 없이 별짓을 다해 봤지만 주식은 안 됐다.

요행만 있을 뿐 정상적인 개인은 구조적으로 성공하기 어렵다. 그럼에도 불구하고 필자가 지금도 주식을 하는 이유는 그동안 수많은 세월 가슴 쓸어내리며 힘들게 해온 것, 진흙탕에 빠져 허우적거렸던 시간이 억울해서 오기로 버티고 있는 것이다. 하지만 이제 필자도 그만둘 때가 되었다. 이 책이 출판될 쯤에는 주식과는 이별을 하리라 생각은 하고 있는데 어떻게 될지는 모르겠다.

단, 주식도 부동산처럼 수년에 한 번씩 큰 장이 오는데 금융장세, 실적장세, 유동성장세 등등 하여 그 시절에 딱 부합하는 주도주가 나온다. 이때는 대장주에 집 팔고, 논 팔아 한 번쯤 인생을 걸만도 하다. 돌아보면 한때 건설주 → 철강, 조선주 → 자산주 → 증권주 → 테마주 → 바이오주 → 화장품주 등으로 초대박이 난 적이 있다. 실제로 그때 대장주에 올라타 단돈 몇 천만 원으로 수백, 수천억 자산부자가 된 사람도 수두룩하고 영웅 반열에 올라간 사람도 있다.

결과적으로 부동산이든 주식이든 대세장이 한 번 오면 남다른 전략을 가진 사람은 그때를 놓치지 않고 돈을 쓸어 담는다. 같은 맥락으로 볼 때 부동산 또한 10년 주기로 큰 대세장이 왔는데, 가까이는 IMF 때와 리먼 브라더스 사태의 금융위기로 2008년 이후부터 2012년까지 대 바닥일 때 토개공 미분양 근생·상업지에 몰빵한 사람들은 작년까지 그야말로 돈을 쓸어 담았다고 볼 수 있다. 앞으로는 어떤 '주'가 유망할까? 반도체 장비주가 아닐까 싶다. 주식 투자를 할 생각이라면 참고하길 바란다.

앞으로 어떤 주식이 유망할까?

국내 주식은 배제하고, 해외 주식으로 장기투자를 해야 노후가 걱정이 없다. 필자의 생각으로는 중국 1등주 50%, 베트남 1등주 50%를 투자하여 중국은 10년, 베트남은 10~15년간 묻어두면 팔자를 고칠 수 있다(필자는 이미 그렇게 투자하고 있음).

- 중국 장기 유망주 : 항서제약, 복성제약, 화동약품, 자광국심, 텐센트홀딩스, 만과기업, 우시바이오로직스, 상해가화 등
- 베트남 장기 유망주 : 빈그룹, 바오비넷홀딩스, 에프피티, HD은행, DHG, 호아팟그룹, 비나밀크 등

09

앞으로 기억해둬야 할
투자 포인터(Pointer)

마지막으로 장사를 하면서 투자를 할 때 반드시 기억해야 할 투자의 핵심만 정리하고 끝내도록 하겠다. 한 가지 분명히 해둘 것은 투자도 안정적인 사업이 뒷받침 될 때 하라는 것이다. 한마디로 주객이 전도되어서는 안 된다. 부동산이나 주식으로 재미 좀 봤다고 하고 있는 사업을 등한시하면 결국 후회할 일만 남게 될 것이다.

지난날을 돌아보면 IMF 때도 부동산과 주식이 대 바닥을 쳤는데 그때가 바로 기회였고, 2008년 금융위기가 왔을 때 그게 뭔지도 모르고 많은 사람들이 아파트와 부동산에 열광했을 때가 상투였다. 그 후 2012~2013년에 모든 부동산이 한심할 정도로 불황일 때 팔고자 하는 매물이 홍수를 이뤄 처분하지 못해 발을 동동 구를 때가 다시 바닥이었다. 그 당시 우량하고 똘똘한 물건을 냉정한 눈으로 선별하여 구입해놓은 사람들은 요즘 함박웃음을 짓고 있을 것이다.

현재 우리 주변을 둘러보면 어느 곳이나 빌라와 아파트 등 집들이 홍수를 이루고 시골 깊은 곳까지 전원주택 등으로 몸살이다. 제주, 서귀포를 봐도 예전에 보지 못한 일들이 일어나고 있다. 어제의 밀감밭이 주택과 카페 등으로 몸살이다. 평택과 세종시 인근, 속초까지 3~4년 전과는 비교가 안 될 정도의 부동산 가격에 놀라움을 금치 못한다. 제주, 평택과 도심 주변 물권은 형편없는 매물까지 높은 가격에 거래가 된다. 마치 2008년의 상투 때를 보는 듯하다.

투자는 이럴 때를 극히 조심해야 한다. 과열된 분위기에 잘못된 판단을 하여 자신도 모르게 투자의 무덤인 최악의 상투에 꼼짝 없이 물릴 수가 있다. 부동산 투자는 시간 싸움이다. 토지 투자는 3년에서 10년은 내다보고 해야 하고, 혐오시설, 고압선 근처, 시골 동네 한복판 땅, 작게 조각내서 파는 땅들은 피하는 것이 좋다. 평생 보유하고 싶은 땅을 사야 한다.

상가 투자의 경우 여기저기 빈 가게가 많이 보이고 신규 분양 가게도 미분양이 속출할 때, 모두가 상가를 잡으면 큰일 난다고 할 때가 바닥이다. 몫 좋은 상가를 골라 사두는 지혜가 필요하다. 경기가 회복되면 좋은 상가는 부르는 게 값이다. 지금 상가 투자는 아주 조심할 때다.

주식도 개미투자자는 1년 내내 하지 말고 장이 어떤 계기로 패닉 상태나 큰 대세 상승 초기라고 매스컴에서 떠들 때만 보석 같은 고성장 1등주에 1년 이상 장기 투자를 해야 승부를 본다. 개인투자자가 1년 내내 주식을 팔고 사는 건 백전백패다. 그리고 세월이 지난 후에야 이런 말을 하게 된다. "주식은 사기"라고.

아무쪼록 건강한 몸과 마음으로 신나는 외식 창업에도 성공하시어 사방천지 보이는 돈을 잘 쓸어 담으시길 바란다. 그리고 차곡차곡 쌓은 경험과 여윳돈으로 투자에도 성공하여 부자가 되길 빌겠다.

에필로그

우리의 30년 전 경제 성장 시점으로 되돌아가 다시 기회를 준다니 이 얼마나 행복한 일인가?

모든 것을 직접 체험하고 느끼는 것보다 좋은 공부는 없다. 그러나 모든 것을 직접 체험하기엔 시간도 돈도 부족하다. 게다가 제대로 알지 못하고 무작정 뛰어드는 것은 기름통을 짊어지고 불속으로 뛰어드는 것과 다를 바 없다. 그만큼 리스크가 크다는 말이다.

전투장 같은 창업의 세계에서 성공하려면 최대한 리스크를 줄이는 방법을 연구해야 하고, 그러기 위해서는 많은 공부가 필요하다. 누군가의 성공과 실패의 경험담을 듣는 일은 그 공부의 좋은 첫 시작이 될 것이다. 지금까지 서술한 필자의 이야기가 그런 의미에서 유용한 자양분이 되리라 생각한다.

필자는 호기심이 많다. 특히 장사와 부동산, 주식, 경제 뉴스에 관심이 많고, 새로운 것이 보이면 직접 현장답사를 해야 직성이 풀린다.

필자는 이제 또 다른 세상 속으로 뛰어들 준비를 한다. 그래서 수십 년간의 장사 연구와 이에 대한 노하우를 가지고 많은 사람들에게 희망을 주는 일을 할까 한다.

지난 시간동안 베트남을 연구하고 현장답사를 하면서 느낀 건 '무조건 베트남으로 가야 한다.'는 결론이다. 새로운 미친(?) 상상력이 필자를 춤추게 하고, 그 흥분으로 잠 못 드는 밤에 머릿속을 파고들던 많은 생각들……(이 책 또한 단 며칠 만에 제목과 내용, 줄거리 아이디어가 폭발, 행복한 마음으로 집필하였다).

이제 새롭게 하고 싶은 일도 많고, 보이는 것도 많다. 1천만 호찌민 시민들의 마음을 사로잡을 일은 뭘까? 그리고 우리의 제주도와 비슷한 낭만적인 다낭으로 진출하여 행복이 춤추는 장사가 뭔지를 보여주는 것 등…….

내가 즐겁고, 그들에게 희망을 주는 일을 생각할수록 벅찬 희열감을 느낀다. 베트남은 알면 알수록 그 매력에 푹 빠지게 된다. 우리나라의 30년 전 경제 성장 시점으로 되돌아가 다시 기회를 준다니 이 얼마나 행복한 일인가?

필자는 이제 한국에서의 장사와 행복한 일들을 잠시 내려놓고 또 다른 인생을 살아볼까 한다. 늦가을이면 베트남 호찌민으로 진출하여 향후 10여 년간 좌충우돌하는 새로운 삶을 즐겨볼 것이다.

필자가 본 지금 베트남은 심장이 떨만한 꽃봉오리처럼 아름다운 기회의 땅이다.